非物质文化遗产丛书

Intangible Cultural Heritage Series

西山八大处传说

北京市文学艺术界联合会　组织编写

杨金凤　编著

北京出版集团公司

北京美术摄影出版社

图书在版编目（CIP）数据

西山八大处传说 / 杨金凤编著；北京市文学艺术界
联合会组织编写. — 北京：北京美术摄影出版社，
2018.1
（非物质文化遗产丛书）
ISBN 978-7-5592-0045-7

Ⅰ. ①西… Ⅱ. ①杨… ②北… Ⅲ. ①佛教—寺庙—
介绍—石景山区②民间故事—作品集—石景山区 Ⅳ.
①K928.75②I277.3

中国版本图书馆CIP数据核字（2017）第281232号

非物质文化遗产丛书
西山八大处传说
XISHAN BADACHU CHUANSHUO

杨金凤　编著

北京市文学艺术界联合会　组织编写

出　　版　北京出版集团公司
　　　　　北京美术摄影出版社
地　　址　北京北三环中路6号
邮　　编　100120
网　　址　www.bph.com.cn
总 发 行　北京出版集团公司
发　　行　京版北美（北京）文化艺术传媒有限公司
经　　销　新华书店
印　　刷　北京方嘉彩色印刷有限责任公司
版印次　2018年1月第1版第1次印刷
开　　本　787毫米×1092毫米　1/16
印　　张　15.75
字　　数　227千字
书　　号　ISBN 978-7-5592-0045-7
定　　价　68.00元
如有印装质量问题，由本社负责调换
质量监督电话　010-58572393

编委会

组织编写

北京市文学艺术界联合会
北京民间文艺家协会

序

PREFACE

赵 书

2005 年，国务院向各省、自治区、直辖市人民政府，国务院各部委、各直属机构发出了《关于加强文化遗产保护的通知》，第一次提出"文化遗产包括物质文化遗产和非物质文化遗产"的概念，明确指出："非物质文化遗产是指各种以非物质形态存在的与群众生活密切相关、世代相承的传统文化表现形式，包括口头传统、传统表演艺术、民俗活动和礼仪与节庆、有关自然界和宇宙的民间传统知识和实践、传统手工艺技能等，以及与上述传统文化表现形式相关的文化空间。"在北京市"保护为主、抢救第一、合理利用、传承发展"方针的指导下，在市委、市政府的领导下，非物质文化遗产保护工作得到健康、有序的发展，名录体系逐步完善，传承人保护逐步加强，宣传展示不断强化，保护手段丰富多样，取得了显著成绩。

2011 年，第十一届全国人民代表大会常务委员会第十九次会议通过《中华人民共和国非物质文化遗产法》。第三条中规定"国家对非物质文化遗产采取认定、记录、建档等措施予以保存，对体现中华民族优秀传统文化，具有历史、文学、艺术、科学价值的非物质文化遗产采取传承、传播等措施予以保护"。第八条中规定"县级以上人民政府应当加强对非物质文化遗产保护工作的宣传,提高全社会保护非物质文化遗产的意识"。为了达到上述要求,在市委宣传部、组织部的大力支持下,北京市于2010年开始组织编辑出版"非物质文化遗产丛书"。丛书的作者为非物质文化遗产项目传承人以及各文化单位、科研机构、大专院校对本专业有深厚造诣的著名专家、学者。这套丛书的出版赢得了良好的社会反响,其编写具有三个特点。

第一,内容真实可靠。非物质文化遗产代表作的第一要素就是项目内容的原真性。非物质文化遗产具有历史价值、文化价值、精神价值、科学价值、审美价值、和谐价值、教育价值、经济价值等多方面的价值。之所以有这么高、这么多方面的价值,都源于项目内容的真实。这些项目蕴含着我们中华民族传统文化的最深根源,保留着形成民族文化身份的原生状态以及思维方式、心理结构与审美观念等。非遗项目是从事非物质文化遗产保护事业的基层工作者,通过走乡串户实地考察获得第一手材料,并对这些田野调查来的资料进行登记造册,为全市非物质文化遗产分布情况建立档案。在此基础上,各区、县非物质文化遗产保护部门进行代表作资格的初步审定,首先由申报单位填写申报表并提供音像和相关实物佐证资料,然后经专家团科学认定,鉴别真伪,充分论证,以无记名投票方式确定向各级政府推荐的名单。各级政府召开由各相关部门组成的联席会议对推荐名单进行审批,然后进行网上公示,无不同意见后方能列入县、区、市以至国家级保护名录的非物质文化遗产代表作。丛书中各本专著所记述的内容真实可靠,较完整地反映了这些项目的产生、发展、当前生存情况,因此有极高历史认识价值。

第二，论证有理有据。非物质文化遗产代表作要有一定的学术价值，主要有三大标准：一是历史认识价值。非物质文化遗产是一定历史时期人类社会活动的产物，列入市级保护名录的项目基本上要有百年传承历史，通过这些项目我们可以具体而生动地感受到历史真实情况，是历史文化的真实存在。二是文化艺术价值。非物质文化遗产中所表现出来的审美意识和艺术创造性，反映着国家和民族的文化艺术传统和历史，体现了北京市历代人民独特的创造力，是各族人民的智慧结晶和宝贵的精神财富。三是科学技术价值。任何非物质文化遗产都是人们在当时所掌握的技术条件下创造出来的，直接反映着文物创造者认识自然、利用自然的程度，反映着当时的科学技术与生产力的发展水平。丛书通过作者有一定学术高度的论述，使读者深刻感受到非物质文化遗产所体现出来的价值更多的是一种现存性，对体现本民族、群体的文化特征具有真实的、承续的意义。

第三，图文并茂，通俗易懂，知识性与艺术性并重。丛书的作者均是非物质文化遗产传承人或某一领域中的权威、知名专家及一线工作者，他们撰写的书第一是要让本专业的人有收获；第二是要让非本专业的人看得懂，因为非物质文化遗产保护工作是国民经济和社会发展的重要组成内容，是公众事业。文艺是民族精神的火烛，非物质文化遗产保护工作是文化大发展、大繁荣的基础工程，越是在大发展、大变动的时代，越要坚守我们共同的精神家园，维护我们的民族文化基因，不能忘了回家的路。为了提高广大群众对非物质文化遗产保护工作重要性的认识，这套丛书对各个非遗项目在文化上的独特性、技能上的高超性、发展中的传承性、传播中的流变性、功能上的实用性、形式上的综合性、心理上的民族性、审美上的地域性进行了学术方面的分析，也注重艺术描写。这套丛书既保证了在理论上的高度、学术分析上的深度，同时也充分考虑到广大读者的愉悦性。丛书对非遗项目代表人物的传奇人生，各位传承人在继承先辈遗产时所做出的努力进行了记述，增加了丛书的艺术欣赏价值。非物质文化遗产保护人民性很强，专业性也很强，要达到在发展中保护，在保护中发展的目的，还要取决于全社会文化觉悟的提高，取决于广大人民群众对非物质文化遗产保护重要性的认识。

编写"非物质文化遗产丛书"的目的，就是为了让广大人民了解中华民族的非物质文化遗产，热爱中华民族的非物质文化遗产，增强全社会的文化遗产保护、传承意识，激发我们的文化创新精神。同时，对于把中华文明推向世界，向全世界展示中华优秀文化和促进中外文化交流均具有积极的推动作用。希望本套图书能得到广大读者的喜爱。

2012 年 2 月 27 日

序

石振怀

　　杨金凤老师编著的《西山八大处传说》就要付梓了，在此谨向杨金凤老师表示祝贺！在我的记忆里，这是她近 5 年来参与北京市文学艺术界联合会、北京民间文艺家协会组织编写的非物质文化遗产丛书写出的第九本书了！

　　坦诚地说，杨金凤老师是我十分钦佩的人之一。这个人淳朴正直，刻苦耐劳，笔耕不辍，尤其是文字能力相当强，是曾热播情景喜剧《家有儿女》的编剧之一，参与创作影视剧 20 多部，这些都给我留下了十分深刻的印象！

　　杨金凤老师有点文人的书卷气。我们第一次见面就出了一个笑话：那是 20 世纪 90 年代的事情了，记得当时我作为北京群众艺术馆副馆长，带队组织北京市群众文化理论骨干参加外省市举办的一个理论研讨会，说好出发当日在火车车厢里集合，结果临到火车开动了，也不见杨金凤老师的身影。当时手机还不普及，无法与她直接取得联系，直到通过一通电话询问，我才得知她还在单位上班呢——她把火车开车时间看成了第二天。结果迟到一天之后，我才得见杨老师的真容。

西山八大处传说

之后的 2000 年，我主持当年北京市报送"群星奖"群众文化理论研究成果的工作，杨金凤老师的论文则是北京报送的重点论文之一。在此期间，我曾与她多次就论文的修改进行沟通，后来她的论文也如愿获得"群星奖"论文一等奖，这件事也促进了我们之间的熟悉和了解。紧接着，2003 年我又带队组织北京市各区县文化馆干部去山西交流考察，杨金凤老师也参加了。在这次长约 10 天的交流活动中，我们已经是很好的同行朋友了。后来，我在馆内分管全市非遗保护工作，而杨金凤老师则是石景山区文化馆主管非遗工作的副馆长，我们又曾在一起为非遗工作奋斗了好几年，石景山区的古城村秉心圣会、石景山太平鼓、永定河传说、京西民谣等众多有分量的非遗项目，无不渗透着杨金凤老师辛勤努力的汗水。

西山八大处是京西一组具有较大影响力的宗教寺庙群，一处长安寺（原称翠微寺、善应寺），二处灵光寺（初名龙泉寺）、三处三山庵、四处大悲寺（又名隐寂寺）、五处龙王堂（又称龙泉庵）、六处香界寺（又称平坡寺）、七处宝珠洞、八处证果寺。八处古刹分别建于隋代至清代，分布在西山余脉翠微山、平坡山、卢师山三山之中。其中八处证果寺始建于隋仁寿年间，历史最为悠久，距今已有 1400 多年。

说起来，八大处也是我去过次数不少的一个公园。就在前不久，我在整理扫描早期照片底片时，竟然发现了 20 世纪 80 年代我与爱人、儿子一起去八大处游玩的照片，这着实让我兴奋了一下。之后这些年，我也是多次去过八大处，对这处京西独特的文物古迹也算是有了一知半解的了解。后来市里每年春节搞 "我最喜欢的春节庙会" 评选，我也曾看过 "八大处公园新春祈福庙会"，就在今年春节我还乘兴跑了一趟八大处庙会，欣赏了在二处灵光寺进行的中幡表演。

同许多历史古迹、名山大川一样，自古以来，八大处周边地区就不断衍生并流传着许多有关八大处的传说，传说涉猎的内容也相当广泛。杨金凤老师的《西山八大处传说》书稿，将八大处传说分为山川寺庙传说、帝王名人传说、动物植物传说、村落传说等4个部分，涉及的传说故事有68篇，足以说明西山八大处传说是京西地区不可忽略的民间文学资源。

　　作为非物质文化遗产类别构成的民间文学，八大处传说有着鲜明的文化特征和重要的保护保存价值，如何做好民间传说的保护工作，对全面做好非物质文化遗产的传承保护工作具有重要意义。杨金凤老师的《西山八大处传说》从多方面显示了民间传说的生成规律，也在一定程度上说明了民间文学的保护价值。

　　第一，民间传说是人民群众的口头艺术创作。民间传说虽然很多都依附在一定的历史时期或重要的历史人物身上，派生在一定的历史环境中，甚至与真实的历史同步生长，但它不等同于历史，它与真实的历史有着本质的区别。民间传说只是人们受历史事件、历史人物的影响，为抒发个人情感，根据自己的价值取向、喜怒哀乐、主观好恶而进行的艺术创作，因此它是通过千百万人的口头传播而逐渐形成的口头文学作品。

　　第二，民间传说在传播中会形成多个版本。民间文学在传播中会不断进行再创作，每一个参加传播的人都会根据自己的想象、好恶不断地进行艺术加工，因而传播的人不同，传播的路径、能力不同，也造成了一个传说故事与它的最初讲述会有一定的差别，从而形成了差异性的多版本的民间传说。因此，通过艺术加工印成文字之后的民间传说，与真实传播在百姓之间的口头文学不能完全对等起来。

　　第三，民间传说离不开讲述者、记录者，因而呈现出丰富多彩的故事内容。民间传说来自民间，来自老百姓的口头创作，因此它的源头一定来自民间的讲述者，并且经过百姓的口口相传，才会不断传播并传承至今。但同时，民间传说也会被人们以文字的形式记录下来，并留给后人。因此，民间传说变成文字的过程，也离不开那些根据讲述者的讲述而进行搜集整理的记录者，这些记录者将民间百姓的传说故事忠实地记录下来，但还需要在一定程度上将故事进行完善和润色，变成经过加工的文字记录。

第四，民间传说的传承保护，最根本的是要在民间有更多的讲述者。民间传说变成文字记录下来留给后世，是民间传说保存和传播的重要手段，但不是传承传播的根本路径。最根本的，则是要通过营造传播环境、举办故事会等方式，让更多的人对祖先留下来的这些传说故事产生兴趣，愿意将自己所知道的这些传说讲给更多的人去听，无论是在住所讲、公园讲还是在学校讲，也无论是老人讲、教师讲还是家长讲，或举办故事会让孩子自己去讲，都需要有更多的人了解和讲述我们身边流传至今的那些传说故事。

我为北京西山这处有着悠久历史的文物古迹自豪，也为繁衍传承至今的八大处传说欣喜，更要为杨金凤老师编写的《西山八大处传说》叫好！

是为序。

2017 年 5 月

（石振怀为原北京文化艺术活动中心副主任）

前言

　　民间传说是各族人民世世代代创造的丰富、生动、优美的民间口头文学，是灿烂的中华民族文化宝库中的珍贵财富，在人类历史上起到过重要的作用。特别是在人类进入文明社会之后的几千年历史长河里，民间文学一直伴随着人们的生活和精神世界。在广大民众被剥削、压迫和缺少科学文化知识的时代，人们以民间传说的方式，记录和流传下来许多人类与天地斗争，扬善抑恶，推动历史发展的可歌可泣的故事，激励人类争取和平与和谐的生活。一些优秀的民间传说，全面、丰富、真实地反映了人类社会的发展历史，既有敏锐的思考，也有精彩的呈现。郭沫若曾说过："如果回想一下中国文学的历史，就可以发现中国文学遗产中最基本、最生动、最丰富的就是民间文艺，或者是经过加工的民间文艺作品。"《西山八大处传说》可以说就是璀璨民间文学文化中的宝贵文化财富。

　　《中华人民共和国地名词典·北京市》（商务印刷馆1991年版）"名胜古迹"一章中介绍西山八大处："在石景山区北部，西山余脉翠微山、平坡山、卢师山上。依山就势修建八座寺庙，故称八大处。是隋唐以来历代参禅礼佛之地……八大处以二处灵光寺最为有名……1959年，在其东北处重建一座高达51米的八角十三层密檐式砖塔，塔内供奉从招仙塔基中发现的一颗释迦牟尼灵牙舍利，故名佛牙舍利塔，为世界各国佛教团体朝拜圣地……""……八寺各有特色，周围峰峦叠嶂，气势磅礴。清水、奇石、皇帝墨迹随处可见，成为京西庞大森林公园。1957年定为市级文物保护单位。"八大处所在北京小西山的地理位置得天独厚，汇集了宗教文化、民俗文化、园林文化、自然生态文化等多种文化。《西山八大处传说》主要以八座格局各异的寺庙及自然园林和周边村落为故事承载体，流传下来生动鲜活的民间传说，形成了《西山八大处传说》自身个性特征突出的民间文学，以一种传统的固定形式被广大民众传承下来。

《西山八大处传说》特点明显，既有宗教类的传说，又有皇帝、大臣、宦官类传说；既有山水类的传说，又有涉及禅林文化的传说；既有人物类的传说，又有植物、动物类的传说；既有俗人逸事类的传说，又有和尚居士类的传说……奇特而丰富。

《西山八大处传说》的这些特性，与西山文化的大环境有着千丝万缕的联系。西山名胜多，寺庙密集。八大处北侧与之相连的山峦是香山，众多游山人行走路线主要有以下4种：一是直接从八大处上山，往北走，到达香山；二是从翠微山南侧的法海寺上山，穿八大处而过，行至香山；三是从双泉寺，经八大处后山，行至香山；四是从天泰山的慈善寺前往八大处后山，然后抵达香山。此外，从天泰山、翠微山、八大处的虎头山等山路，都能前往香山，走山的人们已经走出很多的路径，远远超出上述四条线路。也有骑自行车和开汽车游山的，从天泰山的慈善寺—翠微山南的法海寺—"三山"拱卫的八大处—香山的碧云寺途经玉泉寺—颐和园，这是往北再往东的线路。若以八大处为核心，前往周边寺庙，可通，也容易设计行程。从八大处往西北则是大觉寺，再往北有凤凰山的龙泉寺，一般也是开车前往。另有往西南的游走线路，一般是骑自行车和开汽车前往。八大处—石景山—戒台寺—潭柘寺，远者可至云居寺。田树藩的《西山名胜记》绘有一张"西山名胜全图"，从西直门出城，一条北大道往西北可达颐和园的万寿山，从青龙桥直行是玉泉山，往北可以前往大觉寺，往南可以直抵香山；另一条南大道往西，行至黄村分岔，一条路直达八大处，一条直达模式口，到八大处十几里地，游玩很便捷。而从八大处的山脚下前往香山，有汽车可以抵达。八大处犹如北京的西花园。老舍曾经写过一篇小说《大悲寺外》，大悲寺便在八大处；他的名著《骆驼祥子》中，祥子捡了三匹骆驼，便是在模式口。有专家说老舍从八大处行走过直到模式口的山路。如此众多的游人游览、途经八大处，自然成为其传说故事传播的群体，也是其传说生生不息的原因之一。

美丽的山水自然环境，养孕出无数朴实、美丽、神奇、富有哲理的传说故事，汪曾祺在《西山客话》中写道："西山多隐士，绝世遗名，只求执手真我。在八大处山庄怡居或小憩，做一个闲人，晨起拾级登山，暮看夕鸟投林，春花秋月，兴衰荣辱，存乎一心……"

八大处传说生生不息的另一个重要原因是西山八大处除了自然、人文景致，还有无数信众前来。宗教在某种程度上是一种心灵的寄托，人们纷纷前往此地，追求身心的休养。艺术与灵魂的融合加上民间文艺的滋补，更引得官家、名家、百姓等诸多群体的人们来此休养身心、潜心创作。这些人被民间文学所滋养，他们所创作故事被老百姓演绎，加工，讲述。他们带来了故事，也带走和传播着故事。

目录

CONTENTS

第三章

帝王、名人传说 —— 91

Intangible Cultural Heritage Series

非物质文化遗产丛书

西山八大处传说

第四章

动物、植物传说 —— 145

第五章

村落传说 —— 165

第
一
章

西山八大处传说概述

西山八大处传说

北京"北枕居庸，西峙太行，东连山海，南俯中原"，北京西山八大处具有独特的地理位置，位于北京之西的西山中段。北京西山属太行山余脉，由东北至西南走向大致平行的褶皱山脉组成，历史上称之为"二百里西山"。明代蒋一葵在《长安客话·郊坰杂记》中记载："西山，神京右臂，太行山第八陉。亦名小清凉。"清代《钦定日下旧闻考》中定义："西山乃京西诸山之总名。"西山八大处在"小西山"中具有重要地位，有专家称："北京的小西山泛指西山八大处的翠微山、平坡山、卢师山，三山所延之香山、玉泉山、万寿山、百望山等山峰，是临京都最近山地。"西山之美被历代文人雅士赞誉，清代柏龄有诗云："卢沟之北卢师山，山势回合如辋川。涧道屈曲不易到，一路行迹同螺旋。巨石镇压是何物？或言下乃蛟龙渊。"清代完颜麟庆有诗云："一转平坡香界开，崔巍金碧起楼台。红尘十丈浮人外，山色湖光眼底来。"清代爱新觉罗·宝廷也有诗云："香界寺中有古树，枝叶扶疏子依附。山僧告客称娑罗，久植禅林神呵护。"

◎ 西山 ◎

◎ 八大处 ◎

在《北京名园趣谈》（1983年第一版，中国建筑工业出版社）介绍八大处的目录为："八大刹（西山八大处）"。文中写道："西山，包括北京西郊一带的山峦，包括万寿山、玉泉山、香山、碧云寺、卧佛寺，一集八大处等所处的山峰峡谷。本文所写的是西山南麓西平台地带。这里，东有卢师山，西有翠微山，北有平坡山，三座秀丽的山峰形成如座椅之围。三山间，有八座古刹，'西山八大处'的名称由此而得。"

八大处，历史上是京西著名的寺庙园林，最高峰海拔464米。八大处被西山余脉翠微山、平坡山、卢师山多山环抱，因为三座山上建有

◎ 西山八大处寺庙 ◎

八座古刹，并形成十二种景观而得名，有"三山八刹十二景"之称。旧时，西山八大处附近的寺庙很多，专家考证过去八大处的寺庙不仅仅只有八刹，有一些寺庙建筑散布在"三山"之上和"三山"周围。清代有首题为《杏子口》的诗："金碧四十二，苍茫一万重。乱云遮不断，来去是晨钟。"由"金碧四十二"可见当时八大处寺庙林立。西山八大处以"三山八刹十二景"著称，其中二处灵光寺所供奉的世界瞩目的释迦牟尼佛牙舍利扬名中外，僧人广觉曾赋诗："夙耳西山名，未遂游览志。今年逢好时，芒鞋登初地。八大古刹也，灵光最属意。殿阁映晴空，轩斋对远翠。鱼戏青莲池，僧归黄叶寺。呼吸近烟霞，徘徊净意地。灵境非人间，身心如释累。我来值晚秋，吟眺此恣肆。秋色上诗囊，岚光扑葛帔。游侣有同袍，骑驴纵游辔。或观岭头云，或拾溪边翠……"可见西山八大处曾经美景如画，是老北京城里的郊游圣地。

西山八大处传说

◎ 田树藩写《西山名胜记》所居住过的柳溪山房 ◎

一、西山八大处传说的主要内容

西山八大处传说是该地域民众口耳相传的口头文学，当其形成文字后，也不是以孤立的民间文学形式存在。民间传说也是民间文艺内容之一，往往会与民间曲艺、民间戏曲、民间舞蹈等多种民间艺术形式融合发展，以至后期有些民间传说来源于戏曲故事，也有的戏曲故事会演变成民间传说，一些民间舞蹈演绎的情节也会变成民间故事流传，并随着不同历史时期的社会文化背景而有所变异。西山八大处的一些传说，就带有上述民间艺术转换方式的特征。西山八大处传说的成因，与其地理位置、建筑风格、宗教信仰、民俗事项等紧密相关。民俗专家钟敬文认为："我国民间实有恒河沙之传说，在形成上自然有种种不同情况，但大略可以分三种：一，幻想或想象成分较多，或简直占压倒优势之作；二，现实成分较多，幻想只限于局部者；三，基本上一句'真人真事'作成者。"以上三种情况，是钟敬文对传说与历史事实问题的基本分类。八大处传说作为一种民众的口头文学创作，同样的传说体例情况有差异，有些传说幻想成分大于现实成分，有些是现实成分大于幻想成分，有些直接是真人真事的讲述，但也不排除完全幻想形式的传说。但不管是来源于社会事实还是来源于生活中所涉及的自然现象，抑或直接来源于大脑中的幻想，传说都有一个共同特点，就是离不开传说地理位置、地域环境和社会文化背景。

西山八大处传说所涉及的内容与其地理位置相关，主要有三个方面：一是分布在寺庙和景区之中的相关传说，二是与坐落在八大处附近的村落相关的传说，三是流布于石刻及各种史料记载中的传说。主要内容有：

（一）与"三山八刹十二景"相关的传说

1. 与"三山"相关的传说

京西八大处的寺庙建筑均坐落在"三山"之上，对于"三山"的名字，不同时代有不同的说法。元代称"三山"为"觉山、平坡山、卢师山"。元代有文章记载："都城之西北三十里，近有山为觉山，北之平坡山，东之卢师山，三山相距咫尺，鼎足然。"如上文所描述，八大处的"三山"位置像鼎。对此说法，八大处公园已故的员工杨儒有生前说过："八大处'三山'是有讲头的，你看这地形，三座山，不大，可神，好像鼎的三只脚扎在地上一样，鼎足而立，这'三山'就是一个三足的圆鼎。"过去，把定都或建立王朝称为"定鼎"。最初西山八大处的三座山的面积比现在的三座山面积要大，后来经过永定河改道和其他地理因素，以及建村落等，侵蚀掉了一些山体的面积。西山八大处的山峦秀美，有泉有景，又距离皇城近，是历代帝王青睐之地。明洪熙元年（1425年），把"平坡山"改名为"翠微山"，"三山"就变成了"觉山、翠微山、卢师山"。清代，有人依旧按元代顺序排列三山，也有人把"三山"称为"翠微山、平坡山、卢师山"，以"翠微山"代替了"觉山"。民国年间，居住西山八大处并写出《西山名胜记》的田树藩则把"三山"称为"虎头山、翠微山、卢师山"。如今，"三山"一般被称为"虎头山、翠微山、卢师山"或"虎头山、翠微山、青龙山"，立于山巅，遥望京城，一览无余，犹如左青龙，右白虎，居高保皇城，民间有《青龙白虎保京城》《鼎立西山》等传说。

◎《西山名胜记》◎

2. 与"八刹"分布的庙宇相关的传说

（1）一处长安寺的传说

长安寺又名善应寺和善应长安禅林，始建于明弘治十七年（1504年），清代的顺治和康熙两位皇帝两度重修，堂客寮舍不断完善，是

◎ 一处长安寺 ◎

明、清两代西山诸寺中的名刹。长安寺面朝东，两进四合，正殿三楹，布局严谨，集合明、清两代建筑特色。明代万历年间学士余有丁描述寺中景象："寺中四松最奇。门列天兵十，状及诡异。庑下有五百罗汉。"明代崇祯年间史籍《帝京景物略》记载："善应寺，殿佛不结跏，高几危坐，仪如中土。两庑塑罗汉五百，穿崖踏海，游戏极态。"长安寺院子中的空地曾经是果园和菜圃，三世佛殿前有两棵白皮松，传说是元代的铅松，被人们称为"松树大仙"，民间传说此松树皮能治病。寺外有两座塔院，南塔是"贤首宗三十二世惠月承公老和尚"之墓，墓砖雕上有对联："空花开落归真谛，智果圆成证涅槃"。乃清代嘉庆年间的大学士董诰手笔。北塔有"钦命万寿寺方丈弥勒院开山传贤首宗三十一世量周关公和尚之墓"字样，对联是"现身恒沙劫中，证果在菩提树下"。此寺中的白皮松是一大特色，民间有多个版本的关于白皮松的传说。

（2）二处灵光寺的传说

灵光寺建于唐大历年间，初名龙泉寺，金代称觉山寺，明代改为灵光寺，延续至今。灵光寺是"八刹"中最重要的寺庙，寺内有佛牙舍利塔，塔内供奉释迦牟尼佛牙舍利。

◎ 辽代招仙塔旧塔基 ◎

　　灵光寺塔院与鱼池之间有一座五楹的大厅，名为"归来庵"，归来庵南边的金鱼池的传说民间有多个版本。金鱼池营造于清乾隆十六年（1751年），咸丰年间扩大池子后开始放养金鱼。金鱼池东边有一座古塔的残基，为原来的佛牙舍利塔，名为"招仙塔"，始建于辽代。与二处灵光寺相关的传说有《金鱼池的传说》《招仙塔的传说》等。

　　2014年4月笔者搜集西山八大处传说时，1952年就来到八大处公园工作的傅景新在招仙塔前说，他来该寺的时候听这里的老人说，以前招仙塔的顶上是金子的，金光闪闪的塔顶，光芒四射，附近的山都是亮的。这一亮就让日本人发现了，他们想把招仙塔上的金子拿下来，塔这么老高，他们也够不着啊，就在西边山上架上了一门小炮，用炮一轰，塔就倒了，金子掉进了塔西边这金鱼池里，日本人就从金鱼池里捞金塔上的金子，这塔也就给毁了。

　　（3）三处三山庵的传说

　　三山庵始建于金天德三年（1151年），在三山庵的东北殿有清乾隆第六子爱新觉罗·永瑢题书的"建阳半副精舍"和"翠微入画"。三山庵门向东，视野开阔，从前可以远望玉泉山塔、昆明湖水和紫禁城的城楼。文人墨客在这里创作出了很多诗文画卷，如明代的《观流图》

◎ 三山庵（民国时期）◎

《观泉图》《观月图》，清代的《秘魔三宿》《灵光指经》《香界重游》《乾隆松石流泉闲坐图》等。三山庵是香界寺下院之一，是僧人著书的地方，《翠微三要》等都是在三山庵完成的。三山庵前有棵伸出山坡和地面平行生长的树，民间有《坐树》的传说。

（4）四处大悲寺的传说

大悲寺创建于辽重熙二年（1033年），明、清都曾重修，"康乾盛世"时大悲寺香火极盛。大悲寺原名"隐寂寺"，清康熙年间，隐寂寺出了一位高僧慧灯禅师，很受康

◎ 大悲殿碑 ◎

熙的赏识。康熙还在畅春园召见他，拨款重修隐寂寺，改称大悲寺，并赐"敕建大悲寺"匾额。寺内药师佛殿正脊修建有龙凤雕砖，寺内大雄宝殿有十八罗汉，距今700多年历史。大悲寺曾经有《十八罗汉搬家》的故事，说的是"文化大革命"时期，大悲寺十八罗汉被转至其他寺庙保护，十几年后重回大悲寺。大悲寺的第三层楼宇是大悲殿，也叫观音殿。民间有很多关于十八罗汉拜观音的传说和旅游景点。过去大悲寺香火盛，和所供奉的观世音菩萨有很大关系。观音菩萨在民间有送子之说，还衍生出了"偷灯"（谐音：偷丁）的民间习俗。特别是明代以来，白衣的送子观音，是许多绘画和民间造像的主流题材。

◎ 龙王堂 ◎

（5）五处龙泉庵的传说

龙泉庵在明末清初时有两座寺院并存：一座是慧云禅林，也叫慧云堂；一座是龙王堂。慧云禅林建于明洪熙元年（1425年），龙王堂建于清顺治二年（1645年）。到了清道光年间，两座寺庙合为一座，称为"龙王堂"。出了大悲寺，沿着青石小路往西，几百步就是龙泉庵了。龙泉庵寺门是一座硬山正脊的门楼，门楼石额刻"龙泉庵"三字，院内有一方形水池，称为"龙泉"。抱厦间有康熙年间对联曰："威镇蛟鼍依泽国，德施江海赖安澜"。殿门两侧对联为："圣德施恩深雨露，神

◎ 龙泉井 ◎

威乘泽仰云霓"。殿内供奉泥塑龙王像，旁边有风伯、雨师、雷公、电母等塑像。龙泉庵最出名的是龙泉的水，水甘甜清冽，曾有"锄月老人"在"龙泉"写有《甜水歌》：

> 我来翠薇陟其巅，上有古刹名龙泉。松柏郁郁布浓阴，千尺百尺森参天。
>
> 苍皮黛色四十围，虬枝盘曲生风烟。四时不放日光入，盛暑不热风冷然。
>
> 谁凿石罅泻石髓，涓涓汩汩流清泉。蓄以方池承以石，跳珠夏夏鸣琴弦。
>
> 汲来烹茶香且冽，调羹炊黍味弥鲜。或曰饮之令人寿，揆之于理宜有焉。
>
> 笑我饮此嗜且贪，自夏徂秋常流连。隆冬畏冷返庐舍，忽思此水口流涎。
>
> 轻尘十丈风怒吼，京师苦水鬻论斗。安能移此一勺泉，甘美芳馨润众口。

与此寺相关的有《小白龙》等传说，龙王殿前有两棵奇松，其中南侧的这棵松树虬枝盘曲，树干如铁，树干距离地面1米左右，有如龙卷图一样的雕刻，而树根犹如龙须苍劲。此外，寺中还有几十棵古松。

（6）六处香界寺的传说

香界寺建于唐代，史称"平坡大觉寺"，元代改为"平坡寺"，明代叫"圆通寺"。明代的《宛署杂记》所录的明宪宗朱见深《御制大圆通寺碑文》载："曩洪熙改元之初，皇曾祖仁宗昭皇帝以西山平坡大觉寺创始唐代，迄于金元，屡废屡兴，仍复圮毁，乃涣发宸断，命工鼎新重建，赐额曰大圆通。"从五处龙泉庵的北侧小门出，沿青石山路往西北二里地左右到香界寺山门。到香界寺要过白石桥，过了白石桥的一段路，路两侧有1米左右的红墙围。

香界寺山门的汉白玉券门石额上有"敕建香界寺"五个大字，是乾隆御笔。沿台阶上到天王殿，券门和窗槛均为汉白玉精雕。向上至香岩殿，殿前左右各有一通形制高大的石碑，东侧龟座螭首汉白玉碑上刻的是康熙十七年（1678年）《御制圣感寺碑文》，说的是香界寺高僧桂芳禅师40年虔修，康熙被感动后，朝廷拨款敕建圣感寺，并对翠微山进行描述："北极神京，西山胜地。"那时康熙年仅24岁。

后来乾隆皇帝到香山游玩，顺便到附近转转，看到圣感寺已经残破，也从朝廷拨款重修，更名为"香界寺"。殿的西边是一方青石碑，阳面是一幅"大悲菩萨自传真像"，阴面"敬佛"二字，是康熙皇帝的御笔。

◎ 碑文 ◎

◎ 藏经楼 ◎

香岩殿后边是三世佛殿，旧时，檐下有匾额，写着"智镜周圆"，还有抱柱联"花海总涵功德水，香台常绕吉祥云"，也是乾隆手笔。殿前有两棵明代种下的七叶树。过三世佛殿，上十八级台阶，是藏经楼。院内有两棵七叶树，楼的东边和北边夹角处有一棵白玉兰树，传说是明代种下的。藏经楼下层正壁从前悬挂着清代康熙年间中兴圣感寺第一代开山和尚桂芳禅师的画像，是绘制在绢帛上的。出藏经楼东门，是清代皇帝的避暑行宫，皇帝每次幸游"三山八刹十二景"后便住在此处。这里的建筑雕梁画栋，奇石兀立，梁柱飞金流翠，旧时在一座轩内悬有一块木质的巨匾，上面刻的是乾隆的题诗，其中前四句是："西山至此更无山，故是以当结局处。南临平野千里余，北鲜林峦蔽太素。"行宫院皇帝的寝宫门檐下有乾隆御书"取畅山情"。寝宫里面是蟠龙宝座，屋里还挂着一个横匾，写着"绿净平皋"。乾隆皇帝的行宫在此，在香界寺留下多处御笔。关于香界寺的传说，多是与皇帝有关，如《乾隆圆情香界寺》等传说。

（7）七处宝珠洞的传说

前往宝珠洞要经过一个关帝庙，往上是一座清式的牌楼，牌楼两侧有字，乾隆御笔，东侧是"欢喜地"，西侧是"坚固林"。距离牌楼

◎ 坚固林 ◎

几米的北山坡下，有一亭，亭内一块巨石，上有乾隆的诗，其中两句是："是处真称回出凡，天花翻馥落云岩。"可见旧时西山八大处植物多，花草茂盛。巨石西侧为宝珠洞寺，宝珠洞在观音大士殿后，洞和山体连为一体，即是在山体挖的洞。洞高不足六尺，宽一丈多，旧时洞里供奉桂芳禅师的肉胎像，真身贴金。桂芳禅师也叫桂芳和尚，民间都叫他"鬼王和尚"或"鬼王菩萨"。传说，桂芳和尚圆寂的时候，在宝珠洞里坐化，享年140岁。乾隆知道之后，赶紧起驾来到了西山八大处的宝珠洞，来了一看，惊吓出一身冷汗，只见桂芳和尚还跟活着一样，两只眼睛看着皇城。乾隆想，我每天在宫里，他白天夜里的这么看着我，得想个办法啊。乾隆不敢挪动桂芳和尚，只得在宝珠洞的前边敕建了一处观音大士殿，在洞的上

◎ 欢喜地 ◎

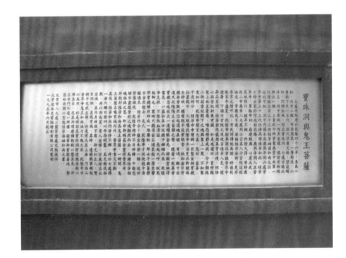

◎ 宝珠洞鬼王菩萨介绍 ◎

边又建了个阿弥陀佛殿，还赐了匾额"欢喜地"和"坚固林"。民间有《鬼王菩萨的传说》。

（8）八处证果寺的传说

证果寺初建于唐天宝八年（749年），始称真应寺，后来因为寺僧卢师在此祈雨，人们干脆就把这个寺叫成卢师寺，把这个寺所在的山叫成了卢师山。证果寺在卢师山半山腰，元泰定三年（1326年）改名大天

源延圣寺；明正统十一年（1446年）更名为清凉寺；明景泰年间重新修缮，明英宗赐名为证果寺。证果寺距今已有1300多年历史，寺名"古刹证果寺"是明英宗的御笔。寺庙前有两座碑，其中西边的那座碑刻有《镇海寺旧碑记》，东边的是中兴秘魔崖证果寺十方住持缘起碑。过山门殿为天王殿，面阔三间，供奉四大天王。第三层殿是三世佛殿，殿前原有二碑：一为敕赐证果禅寺重建碑，另一碑刻有《报恩碑记》。证果寺的西边有一组园林式建筑，宝瓶石门，上面雕刻蟠龙莲花图案，有对联"曲径通幽处，禅房花木深"。过石门往西有亭，亭西北一块山坡平地上，有古松和秘魔崖。秘魔崖是一处天然的石室，崖上有"天然幽谷""别有洞天"等题字。崖室里如今供奉着卢师和尚及二童子的像，现在供奉的佛像是八大处公园已故的修缮人员杨儒有从曲阳请来的。在秘魔崖南侧的东边石崖下边有民国二十五年（1936年）建的"招止亭"，墙上镶一长方石，刻有《秘魔崖招止亭记》。与证果寺相关的传说有《卢师求雨》《和尚监狱》《太监钟》等。证果寺东院那侧的大树下以前是个和尚监狱，这在其他寺庙是不多见的，监狱的石墙很高，据八大处公园员工杨春宝回忆，石墙高3米左右，墙北边有个窗户，窗户

◎ 证果寺 ◎

很高，得爬梯子才能够从窗口往监狱里送饭，传说这监狱里曾经关过一个砍树的和尚，留下了《砍树和尚》的传说。

3. 与"十二景"相关的传说

西山八大处有十二景，根据一年四季不同季节出现的奇妙景观定称，对于十二景观，民间有各种传说：

（1）"绝顶远眺"为第一景

绝顶远眺要登上七处宝珠洞，在这里有《绝顶的传说》。

（2）"春山杏林"为第二景

春日，虎头峰下山坡上，满山杏花盛开，如瑞雪纷飞，蜂蝶如醉，游者如痴。有诗云："举目虎头峰，逶迤皆红杏。春山施薄粉，望之若仙境。"民间有关于《杏林》的传说。

（3）"翠峰云断"为第三景

仲夏雨后，常见如素如练的云雾飘浮在半山腰，仿佛仙境。有的云雾从峰后头绕到了岭前，有的从石隙游出升腾不断；有的时候凝固不动，也有的时候疾速移动。这些奇云神雾在翠微山、虎头峰和青龙山之间久居不散。据说这是当初小白龙和大黑龙斗法的时候，惊动了天宫，天神驾祥云来此后，见此地有如此美景，就年年来此观景。此处有《小白龙和大黑龙斗法》的传说。

（4）"卢师夕照"为第四景

卢师山位于"三山"东北，虎头山和翠微山二山略高于卢师山，站于卢师山西侧的平台，可见另外两座山早于卢师山的日落。于是人们在天气晴好之时，到证果寺往西看流霞落日，特别是在山影遮断西面山坡的时候，东山卢师就越发显得明亮生辉。此处有《卢师夕照》传说，据说是因为卢师当年降雨救民后，下了雨的天还没放晴，夕阳竟然在雨中就出来了，所以从此后卢师夕照的景象，总如雨后一样清丽。

（5）"烟雨鹃声"为第五景

每年到了暑天，西山八大处山林之中有杜鹃长啼不断，特别是在翠微山的香界寺，这杜鹃声就更凄惨，声声不断："不如归去……"传说是乾隆曾经带着香妃在此消夏时，香妃思念家乡新疆，就到树下说出自己的心里话，不巧被杜鹃听到了。香妃死后，这些杜鹃受了香妃的旨意，依旧天天在此啼鸣。此处有《不如归去》的传说。

（6）"雨后山洪"为第六景

北京城是永定河冲积扇形成的，旧时永定河水域大，水流汹涌，小西山水源充沛。"三山"之下，从同济桥起，由北往南有一条水道，被称为"柳溪"，溪水之岸生长很多柳树。此水道为"三山"水流汇集处。雨后，山洪涌下，柳溪成河，水声不断，与山上流水瀑布相应，流泉声声不绝于耳。传说，这里的水声这么大，不全是水发出的声音，据说是青龙山的青龙，一到了雨天就欢实，一高兴就扑腾，才弄出这么大动静的。

◎ 同济桥 ◎

（7）"水谷流泉"为第七景

西山八大处有流泉多处，静坐山中，便能听到山谷泉水声，树高泉深。传说西山八大处的泉水是树神引来的，树神是为了自己能有水喝，就跟水神商量，在"三山"疏通了许多的泉眼。

（8）"高林晓日"为第八景

唐诗有"清晨入古寺，初日照高林"，便是描写秘魔崖不远处的景致。沿着证果寺门前小盘道往下走，就能看到南面有一口古井。这里的树林茂密，高耸参天，太阳从东山坡升起，霞辉照在这片树林的树梢上。据说，过去皇亲贵族们游毕秘魔崖，都要到这口古井边上落座歇息，饮水，赏景。

（9）"五桥夜月"为第九景

八大处公园内过去有长安桥、翠微桥、绿板桥、同济桥和三山庵下的万善桥，合称为五桥。五桥南北相望，形如贯珠。有诗云："小桥步月乍惊秋，四望青虚景更幽。几处流泉喧石底，一轮明镜水中浮。"其实，除了这五座桥，还有一座美丽的白石桥，在六处香界寺山门下，这座桥也有个传说。

◎ 西山八大处黄栌 ◎

（10）"深秋红叶"为第十景

西山八大处"三山"上的黄栌树、火炬树、元宝枫、柿子树、核桃树和山花椒等树木及植物一到秋天漫山遍野，火红如炬。有关红叶的传说民间有多个版本。

◎ 虎头山 ◎

（11）"虎峰叠翠"为第十一景

傍晚，站在虎头峰东边看西边的虎头峰，酷似一只虎的头，虎由南向北而卧，虎头微昂，冲着东北方的青龙山，防御着青龙随时而来的侵袭。虎头峰有很多峭然突起的岩石，山上翠柏层叠葱郁。此处有《青龙斗白虎》的传说。龙是中国人信仰的图腾，无处不在。龙是中国传说中的一种善变化、能兴云雨、利万物的神异动物，为众鳞虫之长。千年前的《太平广记》搜集的龙的神话小说，就有81则。龙能兴云布雨，龙王治水成了民间普遍的信仰。

（12）"层峦晴雪"为第十二景

"西山晴雪"是燕山八景之一。西山八大处距离京城较近，每到"燕山雪花大如席"之时，绿色的松树上、红墙绿瓦的寺庙建筑上落满洁白的雪，远看峰峦起伏，沟壑纵横，寺庙隐约，宛若仙境。

（二）与佛牙舍利塔相关的传说

西山八大处灵光寺位于翠微山东麓，寺内原有辽代所建的招仙塔，俗称画像千佛塔，现仅存一座塔基。这里有一颗佛牙舍利，《高僧传·法献传》中有法献请牙经过，梁武帝普通三年（522年）正月佛牙被骗劫。"普通三年正月，忽有数人并执仗，初夜扣门。称临川殿下奴叛，有人告之，在化牙阁上，请开阁检视。寺司即随语开阁。主帅至佛牙座前，开函取牙，作礼三拜。以锦手巾盛牙，绕山东而去。今竟不知所在。"

◎ 招仙塔塔顶 ◎

1900年，灵光寺遭到八国联军炮轰，寺、塔皆化为一片瓦砾。僧人在收拾残局时，发现落在地上的塔顶石刻露盘，碑文是"大辽国公尚父令丞相大王燕国太夫人郑氏，咸雍七年工毕"。从塔基内发掘出石函，函中装有一沉香木匣，木匣上有"释迦牟尼佛灵牙

◎ 露盘 ◎

舍利，天会七年四月廿三日记，善慧书"的题记。天会七年（963年）是五代时北汉的年号，据明朝《补续高僧传记》记载，善慧是北汉的名僧。这颗佛牙舍利还曾先后应缅甸（两次）和斯里兰卡（一次）两国政府和佛教徒的要求，出国巡礼。1955年和1961年，应缅甸和斯里兰卡佛教界的请求，佛牙舍利被中国佛教界护送出国，接受两国信徒的朝拜。1957年，由中国佛教界发起，依照佛教传统在原塔址西北重新建塔，永久供奉佛牙舍利，得到政府和有关部门的大力支持。1964年6月24日和25日，中国佛教界在北京举行了隆重盛大的法会，迎请佛牙舍利入塔并为新建的佛牙舍利塔开光。

自佛牙舍利塔落成开光以来，每年都有许多国内外佛教信众前来朝拜，并流传有一些相关的传说。

（三）与永定河相关的传说

西山八大处地理位置独特，处在桑干河流域下游，历史上山前曾是永定河流域，山南、山东与平原相接。后来的永定河河道相对固定后，也与永定河近在咫尺，民间传说中自然有些与永定河相关的内容。如《"三山"的传说》，讲的是八大处的"三山"与永定河冲积扇形成的地形有关。而卢师沿河流而至卢师山的记载也与后来被称为永定河的河流有关。

（四）与宦官相关的传说

北京之西的石景山区是块难得的风水宝地，在北京"一溜边山府，七十二座坟"的记载中，西山八大处山南地段有许多皇家王府之墓，并且有众多太监墓。前几年，西山八大处射击场发现太监墓300多座，此外八宝山和福田寺两处，有太监墓近300座。明清时期，宦官对朝政、文化等都产生了很大的影响，西山

◎ 证果寺内铜钟 ◎

八大处的一些寺庙是宦官出钱或集资修建的。在八处的证果寺里有一口大钟，也落着宦官的名字。有关宦官的传说在此地也有流传。

（五）与文学作品相关的传说

八大处公园工作人员付景新讲述过一个十三妹何玉凤的传说《金脑袋十三妹》，西山八大处一带流传着何玉凤为了给她爹报仇，在杏石口打仗的故事，后来被打掉了脑袋，皇帝念她打仗勇敢，就给她安了个金脑袋埋在八大处山下。付景新所说十三妹何玉凤在《儿女英雄传》中有记述，是清光绪年间以来流传很广泛的小说。有专家考证："故事虽然有虚构成分，但故事发生的场景却实有其地。书中明确写安家坟园和宅园在靠近西山的'双凤村'，今人焦雄结合书里的描写和对当地世居老人的采访，在《北京西郊宅园记》一书中证明'双凤村'安家宅院就在今天香山以南、八大处以东小西山东南麓的南辛庄，昔日残垣断壁的瓦砾还依稀可见，为我们阅读此书增添了许多趣味。《儿女英雄传》中对北京西山名胜、交通、风俗等皆有所描述，这部清代的小说对研究西山文化是很有价值的。"

《儿女英雄传》第一回中说安学海晚年退隐西山自家坟园上居住："他家这坟园，又与别家不同，就在靠近西山一带，这地方叫作双凤村。相传说，从前有人见两只彩凤，落在这山头上，百鸟相随，因此得了这个村名……这坟园附近又有几座名山大刹。"这里所说的"西山""几座名山大刹"或许就是西山八大处，曾经叫"八大刹"。第三回中提到："咱们这西山里不是有座宝珠洞吗？那庙里当家的不空和尚，他手里却有几两银子，向来知道他常放个三头五百的账，老爷常到他庙里下棋闲谈，和他认得，奴才们也常见。"这段明确地提到了八大处七处的宝珠洞。第二十二回中有两次提到过"安乐窝"："你不要认差了，我们不是你的父母，你要寻你的父母，须向安乐窝中寻去。""只叫我到安乐窝另寻父母？我可知道这安乐窝在哪里呢？"

可见付景新讲述的《金脑袋十三妹》的传说是与《儿女英雄传》小说中的人物相吻合的。西山八大处证果寺的东边有姚家寺塔，民间有《火烧姚家寺》的传说，也与十三妹有关，姚家寺塔的东边山下就是南辛庄。

（六）与吕菩萨相关的传说

随着行政区划的不断改变，皇姑寺目前已经不属于西山八大处所辖。历史上，西山八大处范围不仅仅限于目前的八大处公园旅游区，而是包括山下的南侧、东侧及东南的不少村落。老人们说，过去八大处的远山门在目前的西黄村，八大处和西黄村过去都属于香山乡，因此在西山八大处地区。老百姓一说到传说故事，总会提到"吕菩萨阻驾出征"。吕菩萨的故事从明清时代就开始盛行了，不仅在京西，在京城及其他外省市如吕菩萨的老家陕西、她的首度之地河南汴梁（今开封）及山东等地也有此类传说。吕菩萨的民间传说，和我国民间的一个教派有关，即西大乘教。皇姑寺成为明清时期京城及京畿的闻名之寺，受到明、清两代皇帝的重视，明英宗赐名为"顺天保明寺"，清康熙年间重修后又被御赐为"显应寺"。皇姑寺之所以这么被皇家所器重，原因是这个寺里有被秘密教门西大乘教尊为创教祖师的吕姓尼姑，老百姓称其为吕菩萨、吕皇姑。她所在的寺，自然得到越来越多香客们的敬奉，称其为皇姑寺。对于这个教派的考证和论述，在马西沙、韩秉方所著的《中国民间宗教史》中做了翔实的论述。1986年结集的《石景山传说》中有《吕尼护驾》的传说，当时由在石景山区文化文物局工作的孙培元搜集整理，存普讲述，存普是皇姑寺（顺天保明寺或显应寺）的和尚，曾住在皇姑寺附近。

坐落在石景山西黄村的皇姑寺，是明天顺元年（1457年）修建的，四间殿堂，规模宏伟。相传皇姑寺几百年来，一直香火很盛。每年四月初一至初五是香火盛会，京东八县的善男信女都来这寺庙进香拜佛，甚是热闹。皇姑寺是当年明英宗朱祁镇为一女尼所建。传说这女尼姓吕，是陕西西安府邻洲道安人氏。大明洪武二十九年（1396年）十一月十一日，五寿村吕宅寅时降生了一个女孩。这女孩长到15岁，聪明过人，明心见性，通佛法，根基不凡，相传是无生老母下凡。吕氏虔诚待佛，创建大乘教派，被人称为"吕祖"。这吕尼早年云游河南传教，后来到了北京，宣扬佛法。

（七）与西山八大处周边村落相关的传说

西山八大处周边的村落主要有南侧的刘娘府、西小府、雍王府、金王府、申王府、李王坟等看坟户形成的村子；西北山中有陈家沟、板凳沟等村子；东南侧过去位于古香道和驼铃古道有杏石口、西下庄等村落。主要传说有《刘娘府的传说》《盗墓贼》《夜明珠》《剪子口变成杏石口》《陈家沟和一片石》《板凳沟的传说》《没有塔的鬼王坟》等。

◎ 刘娘府村老井架 ◎

（八）与碑刻、书籍、墓葬相关的传说

西山八大处存有很多碑，包括边山府村落里的墓葬碑，碑上记载有历史事件。此外，历史上前来西山八大处的皇帝、贵族、名人雅士众多，不少书籍中也记载下西山八大处的传说故事。在碑文上记载的传说故事中，最脍炙人口的要数证果寺山门前立的《镇海寺旧碑记》上所记述的大小青龙的传说。

京西墓葬多，盗墓的传说在京西有一些版本。2014年4月，在八大处四处的大悲寺新建成的长廊，金王府一位叫邵华的69岁村民，讲了他们村里的一些人和事。其中讲到他们村原来有户人家，就住在目前八大处山门十字路口的往海特花园去的马路东南侧，那家的男人是盗墓的。这个故事和西小府的村民讲的故事有些相似，西小府村在金王府的西边，中间相隔申王府和雍王府。村里77岁的刁益讲，他们村里之所以叫西小府，是他小时候听大人讲，这村里埋着皇家刚出生70多天的一个女孩儿。60多岁的陈文宝讲，那个埋小孩的坟就在他们家东边，一共埋了三个小孩。刁益和陈文宝都是看坟户的后代，还有村里看坟户的后代董根立，也知道西小府埋的是小孩。一溜边山府地区流传有与墓葬相关的传说。

（九）与生产劳动相关的传说

1. 毛驴

到西山郊游的人很多是骑毛驴的，八大处一带的村落里有人专门靠拉毛驴为生，在几百年来的古诗文里有关于毛驴的记载很多。明代李流芳《游西山小记》记载："予信宿金山及碧云香山，是日，跨蹇（毛驴儿）而归。由青龙桥纵辔堤上，晚风正清，湖烟乍起，岚润如滴，柳娇欲狂，顾而乐之，殆不能去。"清代查慎行《青龙桥》诗云："瓮山西北巴沟上，指点平桥接磑庄。自甃清渠成石碣，尽回流水入宫墙。残荷落瓣鱼鳞活，高柳飘丝鹭顶凉。不碍蹇驴行躃蹙，有人缓辔正思乡。"清末民初的籍忠寅《骑驴游香山一周》诗云："无尽清泉万古流，白云不动千山秋。偶随云影依依驻，更恋泉声缓缓流。遇树低时频屈背，到峰高处屡回头。稳乘驴背登临遍，不必层岩起石楼。"民国初期兹泉文中有："驴背依然吟葛岭，半闲犹自谈风月。"

旧时，人们从城里到西山八大处之间重要的交通工具是毛驴，而很多人连毛驴都雇不起。据说沈从文因为雇不起毛驴，从香山到城里去查阅资料要走上4个小时。林徽因在自己的文学集中收录了写驴的文字，并配有骑驴的照片。有《城南旧事》之作的林海音在游记《骑小驴儿上西山》中描述乡下女人的骑驴："她盘腿儿坐在驴背上，四平八稳的，驴脖子上的铃串儿，在雪地里响得清脆可听，驴蹄子嗒嗒嗒嗒的，踏着雪地远去了。"郁达夫在《北平的四季》中写道："我曾于这一种大雪时晴的傍晚，和几位朋友，跨上跛驴，出西直门上骆驼庄去过一夜。北平郊外的一片大雪地，无数枯树林，以及西山隐隐现现的不少白峰头，和时时吹来的几阵雪样的西北风，所给予人的印象，实在是深刻，伟大，神秘到了不可以言语来形容。"另有"秋高气爽，风日晴和的早晨，你且骑着一匹驴子，上西山八大处或玉泉山碧云寺去走走看；山上的红柿，远处的烟树人家，郊野里的芦苇黍稷，以及在驴背上驮着生果进城来卖的农户佃家，包管你看一个月也不会看厌。"1935年出版的《北平旅行指南》中，列出了当时西山租驴的价目，起点在翠微山麓西山饭店，该饭店为便利游客，特与驴夫商定了价目，并不准额外强索。例如，从西山饭店到香山，驴每头往返一元，一送八角。这里所说的西山饭店就位于西山八大处，距离八大处售票口不远的西北角。"壮士骑马，逸士骑驴。"很多文人雅士到八大处赏景之余又能体会骑驴之乐趣。皇亲国戚到西山八大处来，也有很多是骑驴来的。笔者采集传说故事时，任汝强（婉容的外甥）提供了他大姨王敏彤（完颜立童记）到八大处香界寺来时的骑驴照片。王敏彤是爱新觉罗·毓朗的外孙女，其父为完颜立贤（军机大臣完颜崇厚之孙），其母为乾隆皇帝五世直系孙女爱新觉罗·恒慧。王敏彤是家中长女，人称大格格或王大姑娘，妹完颜碧琳（又名王涵）。末代皇后婉容的表姐妹。任汝强说，王敏彤和家人每年都要到八大处来避暑消夏，虽然她们家的别墅在颐和园的九间房，但会经常到八大处来游玩。当时在京的外国人，也会骑驴来八大处，他们拍摄了很多八大处的照片。

2. 窝脖儿

　　生活用具是构成人类物质文化生活的重要组成部分，不同历史时期特定生产劳动工具和生产力水平的不同，会出现不同生产生活下的民间口头文学，传说故事中以特定生产生活为背景的传说可以明显体现出这一点。旧时，北京交通工具落后，出现了"担、抬、扛"的苦力，他们不用车运，不用人抬，而是把重物放在脖子上扛着，北京人管这叫"窝脖儿"，南方人叫"搬场工"或"扛街的"，很多人是从小时候就开始练这功夫。可以把100多斤的东西用脖子和肩扛着。他们手里拎着一块长木板，做的是为大户人家搬运那些精细的怕碎和怕碰的物件的活计，比如座钟、瓷器、摆件、掸瓶等贵重的东西。"窝脖儿"到了要运货物的人家，把带来的板子往地上一放，把东西摞在板子上，用根绳子拴结实了，别人看着都悬，可他们双手托起百十斤的东西，脑袋一低，脖子往前一伸，东西就从头顶移到后脖颈上了。只见他们一手扶着托板，一手叉着腰，大步流星，走街串巷过闹市，毫发无损地把东西运到地方。等人家主人验完货，没出什么纰漏，"窝脖儿"就能拿工钱走人了。

朝廷里也雇用了专门干这行当的，慈禧到颐和园时带的用品都是这些当"窝脖儿"的人给她运去。据说每年的农历二月到十月，慈禧都要从故宫前往颐和园去住，她的珍宝古玩，不用马车驮运，而是用"窝脖儿"扛。"窝脖儿"平时为婚丧嫁娶需要运送东西的人家当雇工。慈禧每年从紫禁城来颐和园，然后再从颐和园返回故宫，都要在她动身前十天左右，雇用大批窝脖儿为他运送珍宝。当时北京的平民百姓，一看到大批"窝脖儿"从紫禁城或颐和园鱼贯而出，就知道慈禧即要起驾了，宫廷运送这些珍宝时，不仅给"窝脖儿"很少的报酬，而且要求极严，既要行走整齐，又要速度缓慢，不能有半步的疏忽，"窝脖儿"只能迈着四六步行走。从故宫到颐和园约40里地，一般是很早就启程，晚上才到达，路上需要十几个小时。

（十）与生活习俗相关的传说

老北京人喜欢养金鱼，金鱼被老百姓视为吉祥的东西，年年有余是旧社会老百姓苦日子里祈盼的。所以，过去西山八大处附近村落的人在自家都养几条金鱼，每年正月，小贩们就挑着鱼挑子，走村串户地吆喝："大小金鱼唻!"人们闻声而出，挑选上几条养在家里，图个吉庆有余。传说西山八大处山下有一家养金鱼的，远近闻名。为什么呢？是因为他家养金鱼用的水是灵光寺金鱼池的水，据说这水养的金鱼个头儿大，还能长金鳞。又加上金鱼是佛家法器中的吉祥第七宝，这样用八大处佛家圣地的水养的金鱼就更多了一层吉祥的意思。

二、西山八大处传说的主要特点

（一）郊游胜地流动人群形成传说多版本特征

西山八大处自古以来是京城人郊游圣地，佛家、皇家、香客、游人络绎不绝，加之旧时有两条古香道经此而过，流动性人群给予传说多异本特征。民间口头文学创作的特征之一是同一个传说内容会形成流传多版本，笔者搜集整理《西山八大处传说》时，比较集中的异本有《卢师

◎ 八大处佛牙舍利塔 ◎

与大青小青的传说》《金马驹的传说》《慈禧与金鱼的传说》《乾隆和香妃的传说》。

1. 四个传说异本的基本叙事程式

《西山八大处传说》中的《卢师与大青小青的传说》《金马驹的传说》《慈禧与金鱼的传说》《乾隆和香妃的传说》具有《西山八大处》地域传说的特点，但并不排除京西有些传说的故事内核和这些传说相近。

（1）四个传说中故事的第一主角都是特定的人物

卢师（大青小青）、和尚（金马驹）、慈禧（金鱼）、乾隆

（香妃）。

（2）四个传说的主角对传说起到提升胜地声誉的作用

《卢师与大青小青的传说》中卢师是具有大本事的人；《金马驹的传说》中金马驹为造福之神物，符合民众心理期望；《慈禧与金鱼的传说》反映了人们对皇家与生灵之间故事的好奇心；《乾隆和香妃的传说》满足了民众对皇帝个人生活和情感的窥探之心。

（3）传说中相对应的事件角色

前三个传说都是人与动物相对应，第四个传说是人鬼相会，均契合了当时社会人们无法抗拒自然而寻求于世间神物的心理特征。

（卢师）大青小青，角色：两条龙（或两条蛇）；

（金马驹）金马驹，角色：马驹；

（慈禧）金鱼，角色：鱼；

（乾隆）香妃，角色：人（魂）。

2.《卢师与大青小青的传说》《慈禧与金鱼的传说》异本的历史文化背景

（1）卢师与大青小青的传说

大青小青的传说，在石景山区结集或出版的一些书籍中都有收录，主要有五个版本。

A 传说中卢师山地理位置。卢师山证果寺与翠微山、平坡山诸寺遥遥相望，寺院殿宇掩映于繁茂葱茏的林木之间。隋朝此地称为尸陀林，因卢师和尚祈雨灵验，受民间百姓尊崇。

第一，隋朝建卢师寺，称山为卢师山。据《元史·泰定帝纪》记载："泰定三年（1326年）二月，建显宗神御殿于卢师寺。"元朝文宗、明宗、顺帝三代皇帝，都在寺内做佛事、资冥福、建神御殿。明《顺天府志·宛平县·山川》载："卢师山，山在城西三十里。相传隋末有沙门曰卢师，游方至此山，因居焉。师能驯大青小青二龙，后人敬慕之，故以卢师名其山。唐天宝八载于山盖真应寺。有范阳节度掌书记张纳撰，李邕书碑刻。载灵迹甚著，兵毁不存。洪武八年（1375年）秋，颍川侯傅友德、都督何文辉、赵荣左丞以住兵于此，祷雨有应，为创立祠三间以报祀之。"另据该书记载："龙潭，潭在卢师真应寺之西，潭方一丈许。水深且墨，不见其底。自隋唐以来大小二青龙宅焉。灵感能致云雨，每岁旱祈祷辄应。潭上有神树及金章宗御制诗刻在焉。"

第二，唐天宝八年（749年）在此创建感应寺；元泰定年间易名镇海寺；明天顺年间再度重修，英宗赐名证果寺，此名沿用至今。证果寺坐北朝南，山门前有二碑，左侧碑《镇海寺旧碑记》记述寺庙沿革及卢师和大小青龙的传说。山门以北为大雄宝殿，此殿以西有院，门似宝瓶，上镌唐人常建诗联云："曲径通幽处，禅房花木深"。寺西为秘魔崖。《长安客话》载："秘魔崖中空如室，石如偃芝，云是秘魔祖佛所居。"但见巨石自山顶凌空而出，突兀奇险，石壁上原曾刻过历代文人诗词百余首。壁旁有招止亭，内有壁碑《招止亭记》。清《钦定日下旧闻考》1718页，转引《北平古今记》载："唐书韦挺传，挺遣燕州司马王安德行渠作漕舻转粮，自桑干水抵卢思台，行八百里，渠塞不可通。挺以方苦寒，未可进，遂下米台侧廥之，待冻泮乃运以为解。（今京城西三十里卢师山，相传为隋沙门卢师驯伏青龙之地。以唐书考之，当即卢思台，师乃思之误也。桑干水即卢沟河。）"据专家考证，桑干河即古永定河，曾经流经卢师山确是事实。据有关机构对北京西郊地理考察认为："北京西郊是古清河流经之地。原来古永定河出西山后，因地势开阔低缓，曾分为四条汊河……前三条汊河因地壳隆升而先后废弃。古清河呈宽二至五公里的凹形谷地，经六郎庄、西苑……而入温榆河。"（引自韩慕康《西郊为何多园林》）其流经的"自石景山向北东"的位置，恰好就在今八大处的卢师山下。另据罗哲文、于杰著的《略谈卢沟桥的历史建筑》一文记载："卢沟一名桑干，为古灅水的一支，源出山西马邑县北的雷山。至北京西郊东北流经卢师山之西，自是水名卢沟。卢沟之名始自唐代。……卢沟又因桑干河流经北京西郊卢师山而得名。"卢师和尚乘舟沿桑干河顺流而下，民间有他来到秘魔崖的传说。

第三，关于卢师山二青龙，历代记载均有涉及。

《顺天府志·宛平县·山川》记载唐代的真应寺内有范阳节度掌

书记张纳撰文，著名书法家李邕（北海）书丹的石碑。元代有人摘引此碑内容："尸陀林卢禅师寺碑有云，禅师姓卢，隋末唐初巡行沙门也。变化非常，容心罕测。或坐桑干水上泛泛而游，或涉林峦霭中往往而见。冥搜西山得此形胜，乃剪荆棘开道场。安禄山为范阳节度时，有真应寺禅师惠颙，袭卢遗迹，敷演宝藏，传续慈灯。预立石室，次于卢坟。碑文乃范阳节度掌书记朝议大夫守国子司业上柱国赐紫金鱼袋张纳撰，大唐天宝八载十月十五日建寺。西有龙潭，灵物在焉，祈祷之地。"

明代帝王礼敬卢师山大小青龙，遇天旱到寺祭祀祈雨。《明宣宗实录》记载："宣德七年（1432年）三月以久不雨，遣顺天府尹李庸祭大小青龙之神。其文曰：今春已暮，农务方兴而雨泽未降，宿麦不滋。朕为生民主，夙夜在怀，特用祭告惟神明彰感通，早需甘澍以慰民望。""正统九年（1444年）夏四月，雨泽愆期，遣太师英国公张辅等告于寺观、城隍及大小青龙之神曰：朕忧心念民艰靡遑宁，特遣祭告，尚祈神化昭彰，早降甘澍，以慰名望。"

B 传说中卢师和大小青龙相关史料。

第一，证果寺山门殿前石阶下，立有两块碑。西碑题为《镇海寺旧碑记》，记述了传说及建寺始末："都城一舍许曰尸陀林秘魔崖。唐天宝间有僧名卢，不知何许人，自江南造一舟，不施篙橹，任所之曰：'汝止吾止也。'至卢沟桥桑干河达尸陀林，见石室曰：'吾居是矣。'居无何，有二童子叩师，师问何来。曰：'吾龙子也，闻师居是，愿执薪水之役。'遂为沙弥，日以鬻薪奉卢师馔供。时京师旱，三年不雨，树枯井竭，民甚忧之。官

◎ 镇海寺旧碑记 ◎

募能致雨者，榜诸道。二沙弥诣京，立榜下曰：'能致雨。'榜吏徐来曰：'能限雨期乎？'曰：'期三日。'言讫，委身龙潭。须臾见大小青龙出没云际。榜吏以闻，至期果雨。皇情大悦，遣使诣山致祭，赐卢师号曰感应禅师，建寺曰感应。元泰定年间重建，改感应曰镇海。元季，寺毁于兵。洪武庚辰，有福海师于斯修习。永乐中，德行著闻，太宗遣近臣致问。洪熙改元，仁宗召师至问二青龙始末，赐师号曰慧宗，别号无相。宣德丁未，建大圆通禅寺，时二青龙现诸异象，祷之有感，于是赐封辅国广泽善行真功宣德济民大青龙王、佐国溥泽积行崇功施德利民小青龙王。重建祠宇，命官春秋礼祭。师居是四十余年，行解圆融，卓称当世。正统戊午，重新佛殿，葺僧寮，平治道路，皆师之力也。宣德甲寅，如幻蒙宣宗章皇帝驿召来京，俾掌僧录司事兼主大圆通寺。时慧宗师已圆寂，其徒广贤乞文于如幻，故为述其缘起，勒诸贞珉，俾知吾佛之道广大精深，神化莫测，且以绍慧宗师之愿力于无穷也。是为记。南书房翰林寿阳祁寯藻重书。"

第二，传说的秘魔崖南侧有招止亭。三间长亭宽敞精巧，为悬山卷棚顶式结构，雕栏彩画古雅。壁间有一块墨色刻石，题为《秘魔岩招止亭记》，记述1936年重修此亭事，袁翼撰文。刻石有"惟是亭年久失修，殆将倾圮。应方丈之请，余复为之鸠匠一新。因念卢师自江南来，造一舟不施楫橹任所之，曰舟止吾止也，遂以招止亭名之"。

第三，历代文人记述卢师和大小青龙。

《燕山丛录》记载："宋因祈雨有应，封大青应济侯，小青利泽侯。"说明二青龙在宋朝也引起了响应和重视。明万历年间《长安客话》记载："卢师山以神僧得名。师隋末居此山，能驯二龙子。山有潭，覆以巨石，其下深不可测，二龙潜焉。岁旱祈雨

◎ 秘魔崖招止亭 ◎

辄应。旧有寺亦以卢师名，今清凉寺也。清凉无奇，惟古佛、阿难、伽叶三像乃唐天宝制，甚有生气……证果寺甚萧条，前临青龙潭，后有秘魔岩中空如室，室如偃芝，于此山岩洞中最胜。云是秘魔祖师所居……"；明崇祯年间《帝京景物略》记载："……秘魔崖，是卢师晏坐处。"《青溪漫藻》记载："大、小青，龙之神……至今遣顺天府官祭告，盖因旧传二龙能致云雨，故累朝崇奉如此。"清《钦定日下旧闻考》卷一百四、王梣《重修大悲寺碑铭》记载，清初证果寺已经残破不堪，康熙五十六年（1717年），大悲寺住持慧灯禅师曾予以修茸，并装伽蓝祖师像（卢师和尚像）供于秘魔岩。秘魔崖环境极为幽静，松古石奇，兼有卢师驯二青龙的典故。故历代文人墨客至此流连忘返，诗兴大发时，多题诗壁间以抒胸怀。

元代文学家、翰林学士王恽《秋涧集》卷二十五，辑录了三首诗。此处录其一：《题显宗承华殿墨戏》："大青小青两龙种，承华墨戏真天人。春思欲见升平事，立仗归来不动尘。"明代诗人曾棨著卢师寺诗："久怀招提游，偶此得深访。岩峦通杳霭，栏槛俯虚旷。飞花出洞中，古柏荫池上。欲识双青龙，变化尔何状？"（见《日下旧闻考》1719页，《古廉集》）李时勉卢师山龙潭作："湫中龙何许？睨目东南峰。旁崖下陡绝，缘径披蒙茸。履险时复憩，始与前山通。窦坎覆清泉，神物潜其中。林谷为森爽，烟雾为冥濛。时乘云物去，灵雨下晴空。既雨即湫处，年毂亦以丰。明祀大小青，卢师与无穷。"（见《日下旧闻考》1719页，《古廉集》）《长安客话》载明代诗人陶允嘉《秘魔崖》诗尤为生动传神："秘魔和尚古金仙，扁舟一叶随风颠。誓言舟至即我缘，忽然飘抵桑河边。信步结茅兹山巅，天寒夜抱扑渥眠。金钵咒水降蜿蜒，有二青童合掌

◎ 秘摩崖卢师修行石洞 ◎

前。愿为弟子学参禅，朝熏夕修已三年。一朝魃鬼走平川，万姓嗷嗷朝使宣。谁为吾民解倒悬，童子应命登法筵。顷刻甘霖注平田，四野欢呼声喧阗。雨毕翻身入井渊，自言龙子今上天。奔走八方输金钱，飞楼涌殿势联翩。至今掌有真人跧，崇碑所载我代传，敢云此语然不然。"清康熙年间诗人、画家汪文柏（字季青，号柯庭），其诗集《西山纪游诗》中多有八大处景物的记述。其《秘魔崖》颇具代表性。（略）另有一首《尸陀林》云："卢师停棹处，遗址尚能寻。昔日桑干水，湾环到此林。千秋陵谷变，一念至人心。相见无言说，冷冷暮涧音。"

《日下旧闻考》载《郭氏联珠集》郭武游秘魔崖诗："清磬烟萝出，禅房绝顶关。路危清嶂仄，潭暝白云还。金钵龙双隐，苍崖柏独闲。浑河流杖下，今隔几重山。"《介石斋集》载朱国祚游秘魔崖诗："秘魔崖仄藓文斑，千载卢师去不还。遗有澄潭二龙子，日斜归处雨连山。"民国无名氏题清凉寺壁诗："山僧汲空潭，惊起二童子。百里云冥蒙，三日雨不止。"

C 大青小青和卢师的传说中龙、蛇称谓不同，故事核基本一致。

此故事中的大青小青到底是蛇还是龙，两种说法都有，从石景山区民间传说的异本看，也不统一。民俗中的十二生肖，老百姓把属龙的称为"属大龙"，把属蛇的称为"属小龙"。蛇的灵异有很多特点，于百姓来讲，龙是不可见之物，为华夏图腾，而蛇与老百姓日常生活更贴近。1991年，参与《石景山区地名志》地名故事搜集整理的人把这个故事讲得惟妙惟肖，十分严谨。

大青和小青是为龙还是为蛇呢？

版本一，多是来源于证果寺前碑刻上的故事。没有太大的发挥和更扩展的形象描述，仅是将其口语化，不乏浪漫主义的色彩，比如大青与小青嬉闹、玩耍，他们与卢师的和睦相处，照顾师父的"孝"与"谦"，既符合佛教教义，又适合于对民众的教化。

版本二，民间流传比较广泛。大小青龙去掉虐性后归于卢师之下为

◎ 记有大青小青传说的石碑 ◎

徒，这个故事显然与民间故事有很大的不同，带有浓厚的宗教色彩，符合于宗教故事的程式，即故事里的"正面形象"最后都能成为菩萨或者天神的化身，而"反面形象"，最终会被归纳到"愚人""孽障""恶魔"之列，孽障之物受到感化，最终弃恶从善。

版本三，前半部分本相同，后半部分增加了大小青龙得到了皇帝的封赐。这一版本增加了龙的灵性、活性、善性，不但在证果寺修行救民，还在皇帝修筑香界寺的时候在今八大处地区"现诸异相，祷之有感"，增加了大小青龙在整个卢师山、翠微山地域的法力，连皇帝都说大青龙王宣德济民，说小青龙王施德利民，民间才将其称为"大小青龙神"。大小青龙在西山一带既得皇帝封赐，又得到民众供奉。

版本四，卢师从南方救了两条蛇，蛇随卢师来到了北方的尸陀林，随卢师修行。后成正果，成龙，降雨救众生。而自己却又要回蛇身，重新修行500年。

◎ 秘魔崖石室 ◎

总之，卢师和大小青龙的传说具有皇权的文化色彩，唐代即因"祈雨有应"，建"真应寺"；宋代"因祈雨有应，封大青应济侯，小青利泽侯"；明代多次派官员"春秋祭祀"。可见，当时的朝廷对此传说深信不疑。此外，还有历代文人墨客的加工与渲染，西山八大处自古以来就是文人荟萃之地，赋诗作文之风盛极一时，留下了无数的诗文作品和逸闻趣事，更增加了卢师与大青小青这一传说故事的神秘性。

（2）慈禧与灵光寺金鱼的传说

民间传说，当年慈禧在西山八大处灵光寺内的水心亭观鱼时，突见一个大如婴儿的金鱼，慈禧就封其为头领，并唤随从的太监潜水捉来，将自己的金耳环赐给了金鱼，佩戴在其鳃上。西山八大处传说中《慈禧

◎ 通往灵光寺主路 ◎

与金鱼的传说》，内核是灵光寺内金鱼池中有大金鱼，这个金鱼后来有了传奇的色彩，是因为慈禧赏赐给金鱼一副金耳环。至于鱼是自己从水里蹦上岸的，还是慈禧令太监把金鱼捞上岸的，都是次要情节。传说表现了中国几千年封建社会中权贵的至高无上，同时还表现了鱼的献媚、太监的献媚。

A 三个版本中金耳环的处理方式不同

版本一，金鱼是自己跳上岸的，金耳环是慈禧给戴上的，慈禧也没赐字；版本二，金鱼是李莲英捞上来的，金耳环是慈禧从耳朵上摘下来，令李莲英给鱼戴上的，慈禧还给金鱼赐了字；版本三，这金鱼是乾隆下江南的时候，看到江南的金鱼好，就令人把江南的金鱼带回北京，然后在西山八大处建了金鱼池，放养了金鱼。

从传说叙事来看，第二个版本更生动鲜活，把李莲英拍主子马屁的神态及心理做了戏弄性的描述，符合李莲英人物的性格。

B 溯源慈禧与灵光寺金鱼传说

旧时，清宫里有养金鱼的机构，叫"鱼屋子"，五六个太监跟着一个精通养鱼的师傅，不但养鱼，还研究培养鱼。据说，养鱼者为讨慈禧欢心，专门养了一条白色的大金鱼，叫"傻白"，太监经过千万遍训练后专门给慈禧的，慈禧去赏金鱼，太监们就用手敲着缸边叫："傻白，傻白，老佛爷看你来了。"这条白色大金鱼立刻从水底下游上来，在水面摆尾巴，向慈禧示好。笔者首次听到这个传说时，认为鱼是菩萨的化身，来度慈禧。鱼，通过自己向慈禧示好，暗示慈禧世间万物是友好的，人居高位，也可以以平民之心面对万物，放下阴谋与争斗。后查阅大量资料发现，西山八大处景观很多，而流传下来的传说中与慈禧有关的，目前搜集到的完整的传说仅有"金鱼"这一个类型的故事，这与慈禧喜欢水和鱼有关。《颐和园趣闻》记载，慈禧重修颐和园后，昆明湖备有大小龙舟数艘，专供慈禧游湖消夏。慈禧在游湖上花样繁多。每次乘船至昆明湖时，她都要先到南湖岛上的龙王庙中拈香拜佛，以求龙王保佑她水上游玩平安。在游湖中，她有时化装成为观世音菩萨，于龙舟之上；有时她又打扮成乡间民女，在荷花丛中，采莲逗趣。尤其是夜游昆明湖，根据季节的不同，在湖中放置大量荷灯，并用荷灯组成不同的图案，长廊和沿湖岸一线的石栏杆上要挂上各种花灯。千万盏灯笼，人在湖中巡游，观赏园中夜景，长廊似飞龙展姿，湖面像龙宫放彩，确实十分有趣。慈禧有时还在湖中甩钩垂钓，鱼不上钩，随从太监即跳入水中将活鱼挂在她的钩上，以此取乐。

慈禧来到西山八大处灵光寺，有没有可能就是来放生的呢？有些史料记载过慈禧有放生，其中《颐和园趣谈》中在讲述大太监李莲英如何讨好慈禧时有一段记载："有一次，慈禧在颐和园放生（某个节日或本人生日时，把捉住的鸟或鱼之类的动物，放回空中或水中，以示积德，叫作放生日）当慈禧把笼中鸟放出后，不一会儿鸟又飞回来了，慈禧问李莲英：'鸟为什么又回来了？'李莲英便说'这是老佛爷恩高如天，连鸟儿都不愿意离去'。其实慈禧知道，这不是什么恩高如天，凡是喂熟了的鸟都能飞回来。李莲英看出慈禧有点不相信，于是又让慈禧在昆明湖中放鱼，并说：'鱼要是也不走，就说明老佛爷确实是恩高如天，是万物之主了。'慈禧将鱼放入湖水中后，那些鱼游动了一会儿，很快就又回到了原来的地方，而且是面向慈禧横着排了一个整齐的队形。这不仅使在场的人大吃一惊，就是慈禧也有些莫名其妙。据后来有人透

◎ 禅房 ◎

露，原来是李莲英在放鱼的地方投放了不少很香的鱼食，事先又把鱼饿了好几天，当鱼放入湖中后，那些饿了好几天的鱼，见到美味可口的饵料，当然不愿意离开有好食料的地方。李莲英就用这种方法把慈禧逗得十分开心。"这段故事与《慈禧与金鱼的传说》中，太监所说"连金鱼都……"的表述一样，而且鱼向慈禧献媚的方式似乎也一样，这就是说，慈禧到西山八大处有可能是来放生的，李莲英事先安排了类似于在昆明湖的伎俩，事先把鱼饵下好。

西山园林中，很多园子里都有放生池，香山的碧云寺有，还有放生桥，那么西山八大处的水心亭建在西边的山崖下，从东边到西边的水心亭要经过一座小桥，似乎这桥也可称为放生桥。不管慈禧给金鱼赏赐金耳环是不是确有其事，但西山八大处的金鱼经历了清末和民国，依旧得到政府的保护，还经常统计鱼的尾数，是真实的。

（二）寺庙及历史人物传说

石景山区域内寺庙众多，寺庙传说离不开相应的人物，历史人物的出现又增加了传说的可信度，使其更生动，这是传说附会的重要特点。《西山八大处传说》中的吕菩萨传说，这一特点便非常明显。

皇姑寺是当年英宗朱祁镇为一吕姓女尼所建。《普度新声救苦宝卷》记载当时修寺情况："古黄村，来盖寺，明君有旨。蒙圣恩，亲赏地，度日僚生。……中间盖一座殿，供养观音。珈蓝殿，在西边，盖得齐整。有护法，众神祇，都显光明。诸佛殿，后边盖，黄金宝像。天王殿，前边盖，降服邪宗。两画廊，诸菩萨，降妖捉怪。有钟楼十三座，天下驰名。两廊下，是住房，看经诵咒。"明正统十四年（1449年），北国蒙古族绰罗斯·也先率兵侵犯大明，骚扰边境。由于守边将士屡战失利，皇帝朱祁镇御驾亲征。吕尼闻讯，便不顾艰难险阻，长途跋涉在居庸关外等候圣驾。

民间老百姓中流传的观音菩萨的故事很多，也流传一些僧人的故事，但尼姑的故事就不太多了，特别是一个救过皇帝，还被封为皇姑的菩萨就更不多了，所以民间关于吕菩萨的传说很广泛，除了民众口耳相传的以外，在一些史籍中也有不少关于吕尼的记载。

《清源妙道显化真君二郎宝卷》记载："观音母，来落凡，脱化吕祖。在口北，送圣饭，救主回京。景泰崩，天顺爷，又登宝位。封吕祖，御皇姑，送上黄村。与老祖，盖寺院，安身养老，普天下，男共女，来见无生。"《长安客话》记载："自平坡东转，望都城，平沙数十里。中经黄村，有保明寺，是女道尼焚修处。寺建自皇姑。吕陕人，云游此。正统间，驾出御房，姑逆驾谏阻不听。及蒙尘虏营，上常恍惚见姑阴相呵护，皆有词说。后复辟，念之，封为御妹，建寺赐额。故又称皇姑寺云。自后凡贵家女缁髡皆居其中。有寺人司户，人不易入。"《宛署杂记》记载："本朝吕氏，陕西人，少为尼，游京师。正统间，驾幸边，出师之日，吕氏立劝止不听。驾留虏庭，默祈觉有异。复辟封为御妹皇姑，赐宛平西黄村为保明寺，俗因名皇姑寺。有敕见王言下有免地见庄第下。"《帝京景物略》记载："皇姑寺，英宗睿皇帝复辟建也。正统八年，驾出紫荆关，亲征也先。陕西吕尼，迎驾谏行，曰：'不利。'上怒，叱武士交捶，吕尼坐以逝。及蒙尘虏营，数数见尼，娓娓有所说，时时授上饼饵。驾返，居南宫，数数见尼，娓娓有所说。复辟后，诏封皇姑，建寺，赐额曰：'顺天保明寺。'或曰：'隐也，如云明保天顺焉。'"《钦定日下旧闻考》记载："昔我皇祖于西山名胜古刹，无不旷览。游观兴至，则吟赏托怀。草木为之含辉，岩谷因而

◎ 皇姑寺藏经楼 ◎

增色。恐仆役侍从之臣或有所劳也，率建行宫数宇于佛殿侧。无丹艧之饰，质明而往，信宿而归，牧圉不烦。如岫云、皇姑、香山者皆是。"《枣林杂俎》智集中有《吕尼阻驾》的记载，这是一本明代的刊物，明代著名的历史学家谈迁在此刊中记述："己巳（即正统十四年，1449年）上出紫荆关。陕西尼吕氏迎驾，言出行不利。上怒叱捶之，尼坐化

而去。在顺天保明寺供其塑像，封为御妹，俗称皇姑寺。"不久发生著名的土木堡之变，英宗皇帝被瓦剌军队俘虏。《天府广记》记载："顺天保明寺，天顺中建，俗称皇姑寺。正统八年征也先，陕西吕尼叩马谏而死。及复辟，乃为建寺，肉身尚在寺中。"《万历野获编》记载："皇姑寺在京师西山，不知所始。嘉靖六年丁亥，上谕辅臣杨一清云：'前有旨下部，谓尼僧与僧道不同，而尼僧寺与僧寺道观又不同，今因桂萼奏毁尼寺，已行下矣。'"《宛平县志》记载："明英宗天顺八年，为权合王振，诱幸边外，方度居庸，有陕吕尼迎驾谏阻曰：'出必不利。'上怒叱，武士交捶之，尼跌坐而逝。上北狩，数数见尼来，有所说。时或遗上，饼饵不绝。及还都，居南内，数数见尼，有所说。复辟后诏封吕尼皇姑，为建寺，赐额曰顺天保明。后殿居姑肉身，跌坐愁容，一妪也。至万历间，犹未装金，姑顶尚热。"《北平旅行指南》记载："顺天保明寺，在阜城（成）门外香山乡黄村，为旧京有名之古

◎ 修缮后的皇姑寺 ◎

刹。创建于明正统年间，现已全部被摧毁。今其遗址，只有墓土一堆，以寄后人之凭吊，墓前祭器仍完全无缺。墓南有小庙，屋三楹。墓西侧为碑亭，明嘉靖碑记寺之建筑颇详。墓东暴露两铁铲，一为正统四年造，一为土所掩没，不能考其年月。墓侧又有小墓一，有墓塔，碣亦亡

西山八大处传说

去，不知为谁氏之墓矣。"

吕尼的传说有不同的传播方式，满足了当时多方面的利益需要：一是皇帝的政治需要，二是民众的信仰需要，三是宗教的传播需要。史籍、小说等方式的记载，加上吕尼阻止皇帝亲征后，吕尼的话又灵验了，特别是明英宗复辟的重大政治事变成真实历史，于是吕菩萨的传说故事就越发地被人们蒙上了神秘的色彩，使老百姓更深信该传说。

明代嘉靖、万历在位的近半个世纪，全国修庙拜佛风靡一时，而关于吕菩萨的民间传说也就逐渐神话起来。对于西大乘教，也就是民间所称的"皇姑门"，专家学者有过很多的论述。但从宗教角度来说，定义其为"附佛外道的教首祖师"，因为西大乘教皇姑寺的尼众皆蓄发、作男子揖，不具尼僧威仪。这些与正统佛教的祖师大德绝大多数是佛学湛深、戒珠清净、解行超群、有高度文化素养的出家比丘，形成鲜明对照。《中国民间宗教史》中说："民间宗教……是对大一统的封建思想专制的一种离异和无声的反抗。民间宗教是苦难与专制制度的产物，专制使人离异，苦难则是培养信仰主义的温床。"《中国民间宗教史》正在西大乘教一章中说："该教以皇姑寺为基地，在京畿地区广泛传播，赢得了广大 民众的信奉。"但此书中考证，真正的西大乘教教主不是吕菩萨，而是京东开平中屯卫张家的女孩，在保明寺受戒后，法名"归圆"。无论宗教和历史考证如何，皇姑寺是一处研究明清政治，研究宗教和民俗的很好个例。

总之，民间传说形成的原因很多，有些有历史依据或史实，有些有部分史实，也有些传说完全是当政者或推行者以及民众夙愿而形成的，吕菩萨的传说流传之广泛，不无明清朝廷所需之因。

（三）具有明显的民间文学特性

西山八大处是皇亲贵族的休养之地，如皇帝的行宫建于香界寺。这里自古也是文人雅士登高抒怀之地，也是一些文学艺术家的创作佳地，一处长安寺曾做过中国文联的创作地点，八处证果寺也曾有我国著名的文学艺术大家居此创作，是西山八大处民间传说流传的文化艺术人群。传说作为一种民间文学艺术形式，凝聚了民间口头文学传承者的人生经历与人生智慧，有些作品，从情节上看似乎都一样，比如卢师和大青小青的传说，但陈述者的文学修养或人生阅历的差异，使得听者会产生不同的艺术感受和内心反响，这就使得同样的传说会呈现出不同的民间文化艺术性。民间传说的虚构性和传奇性是其重要的特征，会讲故事的人能把故事讲得让人身临其境，即使有雷同性的情节，也不会让人觉得牵强附会。同时会讲故事的人，能够很好地把握故事的变异性，按照自己的理解或当下的社会生活状况加以调整，以增强故事的现实关联性，更符合听者的感情和愿望。当然，民间传说应以口头传说的形式呈现，但作为传说文本，其文学性在不同的故事中呈现程度是不同的。如《西山八大处传说》中的《水云石奇观的传说》和《卢师与大青小青的传说》。

◎ 香界寺玉兰（范燕丽摄）◎

三、《西山八大处传说》的传承保护

《西山八大处传说》作为民间文学的口头创作，是该地域生活的人群经过历代的集体文学创作所产生的，这是《西山八大处传说》这一民间优秀文化产生和传承的基础，正因为传说的集体创作和群体传承，才使这些弥足珍贵的口头文学经久不衰，形成了具有独特地域特性和与文化融合的口头民间文学形式。

（一）做好对传说承载物的保护

《西山八大处传说》保护传承，主要靠各级政府保护，政府保护中首先是对八大处建筑及佛教文化的保护，其中核心是对佛牙舍利的保护。北京西山风景名胜区八大处的灵光寺旧址，有一座中华人民共和国成立后中国佛教界重建的佛塔，这里供奉着世界仅存两颗的佛牙舍利其中的一颗，成为中外佛教徒朝拜的中心之一。1983年，佛牙舍利塔被国务院列为汉族地区佛教全国重点寺院，现由中国佛教协会派僧人管理。中华人民共和国成立后，中央政府下达了一系列保护北京寺庙及民俗文化的文件。

2014年4月，笔者采访八大处公园老职工傅景新时，他说，石景山刚解放时，部队的战士都住在京西一带的寺庙里，八大处的寺庙内也住了不少部队，部队战士很注意保护八大处的建筑和寺庙内的设施。那时候中央政府的办公地点在香山，傅景新家住香山，1952年到八大处来的时候，开始的工作就是进行绿化和寺庙维护，从1952年到1985年，他结婚、生子都是在八大处公园。住了30多年，后来才搬到八大处公园外的专门职工宿舍住。他说，自己结婚在灵光寺西边的平房里，就是曾经放置佛牙舍利的房子，过去他们都见过那个木盒子，谁也没当回事儿，是政府保护，才使得八大处的寺庙、园林一天天被修缮起来，现在才能够看到这些个传说发生的地方。他还说："我来八大处公园4年以后，1956年开始建，1964年6月25号建成的，建成那天，要举行仪式，塔里需要布置花，开始我放的是月季，领导说不行，后来我就换成了橡皮树、万年青。仪式的当天来了很多人，八大处附近的路从南辛庄就开始戒严了。路两边各站三排人，有和尚、尼姑等宗教人士，人一直站到八

◎ 部分著名作家在此创作时曾居住过的禅房 ◎

大处南边大马路的十字路口，路两边也都摆上了花。花是从香山、颐和园等公园借来的，送来的时候，各个公园把花盆上都写上自己公园的名字，活动完了再还回去，花运来的这一周时间，我和香山的一个职工要每天浇水。举行仪式的当天非常隆重，来了很多国家的人。八大处自从佛牙舍利塔建成后，国家对八大处寺庙和公园的保护越来越重视了，修了破的寺庙，各殿立了佛。就说六处的敬佛碑，'文化大革命'的时候给拉倒了，后来重新立起来的。如果没有这个敬佛碑了，那敬佛碑的传说还有意思吗？"

对《西山八大处传说》的保护，首要的是对其传说所依附的载体的保护，这种保护是建立在对西山八大处公园的所有建筑及整个园林的保护基础上的。

◎ 扩建寺宇 ◎

◎ 大悲寺南修缮保护长廊 ◎

（二）采取多种保护措施

1. 1984年全国搜集整理民间文学

1984年5月28日，为了抢救、发掘、整理、保护我国民族民间文学遗产，中华人民共和国文化部、国家民委、中国民间艺术研究会联合下发了关于编辑出版《中国民间故事集》《中国歌谣集成》《中国谚语集成》的通知，在全国范围内组织力量出版三套集成，北京市也随即启动了搜集整理和编辑出版工作。在这次普查搜集民间传说故事时，石景山区文化馆负责在全区范围内的社会发动和具体搜集整理，工作人员走街访村，忠实记录，慎重筛选，认真整理。除报送北京市的一些传说故事外，区内也筛选了部分传说故事结集印刷，名为《石景山传说》，共收录石景山区民间传说故事44个，其中有与目前西山八大处统一规划的西山文区景点和村落相关的《贪心的打柴人》《薛老大巧斗狐狸精》《板凳沟吴二》《招仙塔与花和尚》等传说故事18个。在选取的故事中，偏向于民间生活类的传说多于西山八大处寺庙的传说。这在30年前，是整个京西地区民间传说采集的特点，包括门头沟、房山等区的民间传说搜集整理内容。

2. 1991年《石景山区地名志》收录的传说

1991年，《北京市地名志·石景山卷》出版，书中收录石景山区的地名故事34个，与八大处相关的故事有《慈禧金鱼池赏鱼》《宝珠洞里的鬼王》《大青小青和卢师山》等传说11个。这批故事的搜集整理者石景山文化馆组织的人员，有吕品生、孙培元、曾庆云、宛莹、翟连学、姜希伦。

3. 1998年《京畿丛书·石景山》卷印刷出版

1998年，北京市委宣传部组织编写了一套《京畿丛书》，整套书囊括了京畿之地的区县14个，其中包括石景山一册，由石景山区委宣传部牵头，区文化文物局和文化馆参与文章的撰写，参与人员有吕品生和笔者，书中收录了传说8个，包括《乾隆香界寺圆情》《慈禧八大处赏鱼》，此书中的传说部分是由笔者搜集整理。

4. 2002年结集出版《石景山名胜掌故传说》

2002年，由石景山区委宣传部、石景山区文化委员会、石景山区旅游局联合编辑出版《石景山名胜掌故传说》一书，石景山文化馆组织本馆干部和区域内民俗专家一起，对全区内的掌故传说进行了一次较系统的搜集整理，共收录101个掌故传说，其中有西山八大处的《明代石佛显露真容》《康熙帝御书敬佛碑》《大悲寺前黄金炕》等传说13个。

5. 2007年传说项目申报

2007年该传说项目申报前，石景山区文化委员会作为政府申报工作单位，与石景山区旅游局和八大处公园管理处将《八大处传说》申报为市级保护项目。申报报告中除了对《卢师和大小青龙的传说》进行了分析和论证外，论证报告中还附录了《八大处招仙塔的传说》《八大处金鱼池的传说》《八大处金马驹的传说》等14个传说。

6. 2014年普查整理

2013年，《八大处传说》作为市级项目列入丛书。这套丛书与以往的传说类书籍有所不同，不是将本地区的传说搜集整理后结集出版，而是对非遗项目

◎《八大处传说》市级非物质文化遗产牌匾 ◎

的起源和沿革、流布范围和状况、表现形态、民间文学特征等进行分析；对讲述人、记录人的详细资料进行详尽记录；对项目现状和未来进行介绍和展望，体现其历史、文化、文学、社会、学术等价值，展现其所蕴含的博大精深的传统文化内涵，突出非物质文化遗产的文化特点、保护措施与振兴方式；旨在让更多的人了解、认识非物质文化遗产的独特魅力和精粹性；引导民众正确认识非物质文化遗产及其保护工作，提高民众保护意识并逐步形成保护。

笔者再次与八大处公园管理相关工作人员联手，对传说进行有重点的搜集整理。历史上，北京市园林系统对八大处公园一直做着积极的保护。1962年3月，北京市园林局曾有一份《关于将西山八大处灵光寺移交佛协管理的意见》，在第一条中写道："西山八大处，为本市著名的风景区，多年来，一直是广大人民的游览场所……专设了管理机构，经过不断整饰绿化，愈益成为劳动人民郊游、消夏的胜地，特别是二处（灵光寺），交通便利，景物佳胜，建筑比较完好，又有自清代保存下来的大金鱼，为八大处的精华所在……"

1957年，北京市列出了第一批39处古建保护单位，其中包括八大处的长安寺、灵光寺、三山庵、大悲庵、龙王堂、香界寺、宝珠洞、证果寺。《西山八大处传说》中，流传最广泛、最有代表性的是二处灵光寺金鱼池里的大金鱼。这些金鱼，在20世纪50年代的时候，就受到政府的保护，三年困难时期，八大处金鱼的粮食也没有减少。据八大处公园的老职工傅景新、孟垂仁和杨春宝回忆，当时金鱼池里的红鱼有的1米多长呢。专门负责喂鱼的是总务科，孟垂仁当时负责总务科工作，八大处做饭的赵瑞祥喂过，傅景新也亲手喂过，喂鱼的大多数是男职工，也有个别女职工喂过鱼。

20世纪70年代的时候傅景新师傅在上下班都去喂。喂金鱼大多是晚上，也有上午十点多喂的，是为了招揽游人，过去二处鱼塘里还种有菱角，菱角收获以后，当粮食卖，顶一斤粮食。喂过金鱼的孟师傅说，以前鱼池的西北角有个小井，小井里的水总是满的，溢出来流到鱼池里。金鱼池大鱼不下十五六条。鱼池里的水一到冬天就冻上了，公园就把鱼池当中的桥堵死，事先把南边鱼赶过来，维修北边。然后再把鱼赶到北边，维修南边。总之，西山八大处灵光寺的金鱼，不管是因传说得到了保护，还是因为保护得好才能使传说流传至今，水和鱼本身都是人们喜爱的，加上灵光寺殊胜的佛牙舍利塔，使得金鱼的传说越发生动。

2005年12月22日，国务院发布了《国务院关于加强文化遗产保护的通知》，通知规定，自2006年6月的第二个星期六为"文化遗产日"。西山八大处传说是2007年6月被列入市级非物质文化遗产名录的，自2008年开始至2013年，连续六年，利用中国文化遗产日活动进行宣传、普及传承，举办石景山区传说故事会。2014年后又增加了音像等多种保护途径。

（三）"西山八大处传说"传播方式

《西山八大处传说》的传播群体在讲述方式上有所差异，主要有以下几种方式。一是说书式。典型人物是八大处已故员工杨儒有。杨儒有的讲故事方式，有些像讲评书的方式，会用"话说""且说""就见那……""话说两头，花开两枝"等带有白话文叙述词汇的风格，而且多用象声词。他讲起故事来，津津乐道，"煽风点火"，让你有不听完不想离开的情趣。二是聊天式。原庞村已故老人曹玉兴，93岁的时候讲故事还滔滔不绝，但他讲起故事来更像是在告诉你一件他遇到的事，起承转合很规范，即便是一个跳跃性的故事，他也要变成符合他起承转合讲述方式后，再讲给你听，犹如唠嗑。三是陈述式。已故石景山区文化文物局副局长吕品生讲述传说的方式非常简单，他能用很简约的三言两语，概括出传说故事的完整脉络。四是表演式。利用道具登台，登台前进行化装，穿演出服，有些观众是活动方组织参与。五是网络、微信平台等传播方式。六是纸质、数字化媒体等传播方式。

第 （二） 章

山川、寺庙传说

"三山"的来历

说到西山八大处的"三山",传说和北京城建都还有关系呢。

中国地方大,古代皇帝想在哪儿建都城,也先得找个人测测,看是吉兆还是凶兆之地。据说有个皇帝打算把自己统掌天下的地方建筑在北方的什么地方,于是皇帝召来全国上下的风水师和高参,加上宫廷里的能掐会算有本事的人,组成个智囊团,在辽阔的北方选地方。智囊团的人都很卖力气,踏破铁鞋四处寻找、探测、画图,可谓是深思熟虑后,大胆报上十几个地界儿,可是没一个地方是皇帝乐意的。

宫里有个御医,平时主意多,其实他早就听说皇帝选都的事儿,但自己一个瞧病的,不敢多嘴。恰好这天,御医给皇帝看病,皇帝一边被他号脉,随嘴就问了御医一句:"听说建都的事儿了吧?"御医冷不丁被问这个,不敢直面回答,似是而非地说:"有所耳闻,不知真假。"皇帝又问:"你说说,哪儿好?"御医半天没敢说话。本来嘛,选址帝都,连皇上自己都拿不定主意的事儿,他一个给人家看病的哪儿敢口出狂言啊。

皇帝又问了一句:"你说这治病跟治国一样不一样?"

御医看实在是躲闪不过去了,只得说:"有一种神鸟,好好养它七七四十九天之后,有什么想法跟它说了,这鸟自然就能落到人想求的那个地方。"皇帝有些不悦:"闹了半天,人弄不成的事儿,鸟行。你是说我找的那上千的人都不及一只鸟?"御医低头不敢回答。皇帝叫来管事儿的说:"都去,抓它几千只鸟来。"御医赶紧解释:"一般的鸟不行,得是神鸟。""神鸟啊。你们听到了吗?去抓神鸟啊!"皇帝说完,闭目养神。

从皇帝那儿出来,大臣们泄气了,七嘴八舌地问御医哪儿有神鸟。御医也是个记仇的人,想想平时这些大臣们趾高气扬的样子,就成心难为他们，给他们划了个大大的范围，这范围就是现在整个的太行山山脉和永定河流域。

几天以后，费尽周折的大臣们还真抓回来十几只神鸟。一脸献媚地讨好御医。御医说："要三只就够，其他的放生了吧。"这三只鸟就给皇帝送过去了，他每天喂鸟得来不少乐趣，眼瞅着就到了七七四十九天的日子，早晨太阳刚冒头，皇后和一群大臣们就簇拥着皇帝放神鸟，三只神鸟的腿上都拴上了几条红线和一个小铜铃铛。

神鸟往天上这么一放，那边事先早就准备好的骑兵们放马飞奔出了城门，其中一个骑兵的马上还驮着御医。

这些骑兵们翻山越岭地追啊，马本来就赶不上鸟快，何况是神鸟呢。几天几夜过去了，骑兵们都快散架了，不过这神鸟也怪，飞一段，见骑兵没跟上来，就落在树上叫，骑兵循着鸟的叫声一次次跟上。这天，三只鸟飞到了一条波涛汹涌的大河边上，河边的山峦起伏，一望无际，其中有三座山特别像一个立在河边的大圆鼎，三只鸟就分别落在了三座山的山顶上。

御医把这地方画了下来，回去后交给了皇帝，皇帝一看，乐了，这

◎ 灵光寺树上飞鸟 ◎

非物质文化遗产丛书

Intangible Cultural Heritage Series

地方好啊，北边有连绵的群山，山旁有宽阔的大河，山前是一望无际的平原，平原的尽头还有大海，真的是打起仗来，山可挡敌兵，海也可挡敌兵，平原可种植粮食供人生息，河水是最要紧的，城不可无水。就这样，皇帝在离这三座山三十多里地的地方建了都城，这就是后来的北京城，这"三山"就是京西八大处的翠微山、卢师山、虎头山。据说，"三山"以前还有俩耳朵，这俩耳朵一个是现在的香山，一个狼（琅）山，就是现在的是金顶山。所以，后来的西山八大处，成了历朝历代皇帝们游玩的地方，皇帝在此还建了行宫。

搜集整理：**杨金凤**

青龙白虎保京城

过去民间认为，选好的地方，得是左青龙右白虎。西山八大处也不例外，左边青龙指八处证果寺东的青龙山，右边白虎指西边八大处一处长安寺西北的虎头山。虎头山上最显眼的是虎头峰。传说过去京西一带有一条青龙，青龙平时在浑河里住，每年的龙王节，浑河两岸的人都会举行热闹的祭祀活动，祭祀的时候要杀羊，供奉给龙王。

有一年龙王节，西山脚下好几个村的人都赶来给龙王上供，东西摆上供桌，还没等点香，就听远处山上砍柴的人喊："老虎从山上下来了！快跑啊！快到跟前儿了，再不跑就没命了……"祭祀龙王可不是一

◎ 长安寺 ◎

个村的人，附近几个村的人都聚在这儿呢，一听老虎从山上下来了，没不害怕的，上房的上房，爬树的爬树，乱成了一锅粥，年轻人还好说，老人和小孩儿大哭小叫。

眼瞅一只花斑大白虎带着大风从山上冲下来，正是在现西小府村附近。说也奇怪，这花斑大白虎也不追人，直奔供桌上的牛羊贡品去了。躲藏起来的人可是大气不敢出啊，生怕惊动了花斑大白虎。岂知此时，一个铁叉从树上飞下来，直冲着老虎飞去，机敏的老虎一惊："嗯？谁

西山八大处传说

敢动我虎爷？"

花斑大白虎抬头一看，嘿，一个十多岁的小孩儿，穿着一身儿青色小褂儿，手上握着可不是一把钢叉，好家伙，十多把铁叉呢，攥在手里跟攥小树杈子一样不费吹灰之力。这青衣小孩儿两手舞动着十几把钢叉就冲着花斑大白虎飞来。说是飞，因为老虎没看到那青衣小孩儿的脚着地。花斑大白虎也不是尿主儿啊，立刻迎战，和青衣小孩儿打得昏天黑地，一人一虎这一招呼不打紧，旁边躲在树上的一个小孩儿吓得尿了裤子，花斑大白虎抬头一看，嘿，这儿还有活物呢。花斑大白虎心生一计，假装战败，躲闪开投铁叉的青衣小孩儿，一口把树上的小孩儿叼下来。紧急关头，青衣小孩儿两手挥舞钢叉，同时投向花斑大白虎，花斑大白虎一急，"啊"地一声吼叫，虎嘴一张，叼在嘴里的小孩儿掉在了地上。

青衣小孩儿越战越勇，受伤的花斑大白虎身上带着八把钢叉往山上逃，青衣小孩儿紧追不舍，花斑大白虎逃到他在山上的虎窝就疼得跑不动了，此时青衣小孩儿挥手冲天一抓，手里又变出八把钢叉，狠狠把花斑大白虎插在山顶上了。虎从南边逃的时候正好冲东北，所以后来虎头峰上的老虎头一直冲着东北方向，有了虎踞山头的景观。

而青衣小孩儿，就是浑河里的小青龙。每年龙王节的供品都让这只花斑大白虎抢吃了，小青龙一直生闷气，心想这供品是给我家老龙王的，让你个虎崽子吞掉了，你吃了，也不普救众生，也不下应时的大雨，吃多了还去害人，今年我一定好好收拾你。就发生了开场的那一幕。小青龙把花斑大白虎叉在虎头峰上还不放心，就在虎头峰东北侧选了个山头，就是现在的青龙山，长年累月地监视着花斑大白虎。

也有传说，说这青衣小孩儿是佛祖派来的，因为老虎玩性大，不好好蹲守山头看护京城，就派青衣小孩儿把花斑大白虎钉在小西山上了。这八大处就有了青龙白虎保京城的传说。

搜集整理：**杨金凤**

永定河"恶开"

北国的数九寒冬过后，大地解冻，冰雪消融，解冻后的河水夹着冰凌流淌着。然而。在永定河出西山峡谷后转入平原的石景山至卢沟桥一段河床，却非同一般。它像埋没在河床底下的一长串炸药，一经点燃便由远而近，又由近及远地爆破开来。将四五平方米的巨大冰块，抛向数丈高空，然后，扔到三五十米远的岸边。当夜半星光闪烁，可看到暴腾在空中的坚冰，被月光照射得反射光辉，如一长串的红灯，自远而近，又由近及远地消失在石景山西岸的夜空。当地居民中的老人，称这种奇特的景观，为"恶开"河，且对这种奇异现象困惑不解，他们说，在永定河中，潜居着一条大黑龙，它心地善良，每当惊蛰，万虫苏醒时，大黑龙醒来的第一件事就是疏浚河道。永定河的"恶开"河，就是它恐怕两岸居民遭受水患，在清理河道呢！人们悟此道理后，便怕大黑龙顺流入海，于是在卢沟桥处的分水桥基处，放置了数把斩龙剑，黑龙便不敢闯过，只好居位上游，年年服役。

老人们对"恶开"河的解释说得神乎其神，于是，每当惊蛰节来临之际，村民们便到沿河岸边，观看"恶开"河的这一波澜壮阔的奇特景观。

对"恶开"河最为关注的首推麻峪村的善桥会了。清光绪七年（1881年）该村乡董刘天祯，在治河大臣王德榜协助下，组建起善桥会，修筑起麻峪村西北隅，通往门头沟区大峪村的"漫水桥"，以疏通京师与门头沟间的采煤运输。因建筑材料不便，桥墩以荆条编成笼内充填卵石而成。桥面铺设四五寸厚的长长木板，这座简易的木桥就此建成。桥建成后，往来京门的运载燃煤的骆驼队络绎不绝。过桥要交养桥费，每一只骆驼往返一趟交两个铜板，马车四个铜板，行人不收。故此，收益极丰，其养桥余资还办起了一所"善桥小学"。于是，保护这

西山八大处传说

座桥，便成了善桥会必行之务。每当开河前后，为防止永定河上的"恶开"后，其冰凌冲撞砸毁桥面木板，总要拆掉多数木板，留下仅供行人通过的若干块桥板。且派出监督凌汛人员多人，身带爆竹，赴上游上苇店、担礼、陈家沟、城子、大峪等各监汛站。当最上游发现开河，便燃点爆竹依次闻讯放炮报警。年复一年，更把永定河的"恶开"弄得玄妙离奇！

那么在永定河出山口处为什么有此"恶开"河的壮阔景观呢？民谚道："恶开河，年景（指农业收获）好！善开河，虫害多！"从此得知"恶开"与冬季寒冷的程度有关。绝非大黑龙清理河道。其原因是自三家店以上峡谷流域面积为4.5万平方千米。峡长108.7千米，平均坡度为1/320。即使石卢一线的坡度也有1/420，从坡度与峡长得知水位差为339米。当北国特别寒冷的冬天，河水面冰封，便蓄积了上游巨大的位差能；当惊蛰温升解冻，潜伏在冰层下的河水位能，向下游河床冰面挤压，以至爆开。这大概便是"恶开"河的道理吧。

如今，永定河在上游建起了官厅水库后，变汹涌波涛为悄悄细流，改变了过去的条件，故此，"恶开"河壮阔景观的再现，就成为很不容易的事了。

搜集整理： 关续文

浑河里的金葫芦

　　从前，永定河叫浑河，浑河就从八大刹的南边往东流。住在山下的村里有一些人靠打鱼为生，其中两个后生，一个贼懒，一个特别勤快，可是勤快人和懒人的日子过得一样没着没落，因为勤快人打的鱼头天卖不完，放几天就不新鲜了。懒人很快就不再打鱼了，天天睡到太阳晒屁股，勤快人依旧夜里撒网，一清早卖鱼，挣了钱还要接济懒人一些吃食。

　　这天，勤快人照常在浑河里撒网，时间久了累了，他撒下网就躺在河岸上睡着了。勤快人做了个奇怪的梦，梦里一个白衣的白胡子老头儿骑在一个金光闪闪的大葫芦上，那葫芦大得跟一只小船差不多。白胡子老头儿跟他说，我要到这翠微山上修行，大葫芦先借给你，这葫芦上头有个塞子，你只要打开塞子，把每天打的鱼装进葫芦里带回去，鱼就不会死了。

　　一只鸟落在勤快人脸上，把他吵醒了，他觉得这个梦挺奇怪，不知是真是假，就往河面上找那白胡子老头儿，没找到，再找那大金葫芦，更没有，他笑自己愚痴，不过是个梦罢了。晌午了，也该收网回去吃晌午饭了，他忙去拉网，这网跟往常不一样，可轻了，勤快人开始叹气，想着，今天又白忙活了。哪知，网一点点露出水面，网里银光闪闪的鱼活蹦乱跳，网里还有一个跟水桶那么大的一个金光闪闪的大葫芦，这可把他乐坏了。他拿起大葫芦，发现上面还真有一个木塞子，他打开木塞子，把鱼都装进去，收拾好东西，担起担子，一头挑渔网，一头挑着葫芦就回村了。半路遇上懒人，笑他没打着鱼，捡了个破葫芦回来也不能当饭吃。

　　从此，勤快人日子好过起来，他打的鱼只要在葫芦里待着，十天半个月也不会死。勤快人有了点钱，就想起来梦里白胡子老人说他在翠微

◎ 大悲寺 ◎

山上修行，这勤快人做好了饭菜，就上山找白胡子老头儿去了。他找遍了翠微山也没找到这个人，勤快人就到西山大悲寺来上香，求菩萨保佑这个老人。上完香出了寺庙，门外一个讨饭的脏分分的老头儿，勤快人就把提的饭菜给了这个讨饭老头儿。第二天，勤快人想想那个讨饭老头儿还会挨饿，就又把饭菜送来，就这样，不管老头儿在不在寺庙门口，他每天坚持把饭菜送来。

勤快人给讨饭老头儿送饭菜，一送就是几年，不管刮风下雨。勤快人的日子慢慢也好起来了，娶妻生子，日子挺好。哪知那个懒人看到勤快人有钱有房了，纳闷儿，发现了勤快人用葫芦装鱼的秘密。一天夜里，懒人把葫芦偷走了，他回到家里，想把葫芦上的塞子拔下来，怎么也拔不开，气急败坏的他找来石头把葫芦砸坏了，葫芦四分五裂，被他丢到路边。

勤快人找不到葫芦，就四处打听，在路边看到四分五裂的葫芦，赶紧拾回家用糨糊粘，粘完了放到太阳下晒，他想，糨糊粘起来的葫芦也下不了水了，就放在家里供起来吧。有一天，那个讨饭老头儿从勤快人家门口过，勤快人赶紧请老人进屋，给老人烧水做饭，老人吃完饭问勤快人，这么个破葫芦你还供着它干吗？勤快人说，这个葫芦是个宝葫芦，有恩于我们全家，我要祖祖辈辈地供着他，老人笑笑，伸出手往葫芦上一摸，葫芦立刻变成了一个完整的好葫芦，勤快人看呆了，他抱起葫芦左摸右摸，赶紧要谢谢讨饭老头儿，哪知他回头再找，那个老头儿早没了踪影，他一直追到村外也没追到。

后来，勤快人到寺庙门口给讨饭老人送饭，再也没见到老头儿。

搜集整理：**杨金凤**

松树大仙

传说一处长安寺的来历，是和寺里的白皮松有关。

以前有个和尚，住在桑干河上游的一个寺庙里修行，有一年河水泛滥，冲毁了他住的庙，滔滔洪水连他也给卷出去几百里地。等洪水退去了，和尚发现自己落到河边一个树林里。他没想到自己命这么大，一定是以前好好修行的结果，他打算找个庙继续修行，荒山野岭的，上哪儿找庙去？他就沿河边的山往东走出几里地，发现有个破庙，也能遮身，打算在这里住下了。

别看庙破，可地儿不错，满山翠柏，神花仙草，山前有河水流过，河岸有柳树成荫，他想，要是把庙修好了，能留下更多的修行人。从此他就四处化缘，修筑旧寺。

寺庙修得差不多了，和尚想，有寺也得有佛

◎ 长安寺白皮松 ◎

啊，再说这寺修好了，全靠的是这附近的善男信女，得在寺里立佛像。和尚就围着大山四处找能塑佛像的人，在翠微寺的西北山里一个叫石府村的地方，找到了一个叫牛巧手的年轻匠人。和尚和牛巧手一起，没日没夜地干活，终于把五百罗汉塑好了。只是还没等佛像晒干，牛巧手就累得一病不起。

夏天的夜里，躺在院子里睡觉的牛巧手，迷迷糊糊看到一个人从松树上滑下来，走到他跟前，往他嘴里灌了一点水，这水又苦又涩。第二天，牛巧手就觉得身上有了点力气，以后，每天五更时分，牛巧手都觉得有人往他嘴里灌水。过了十多天，牛巧手觉得身体全好了，扑通在大松树跟前跪下，一个接一个给松树磕头。

这消息一下子就传出去了，那些看不起病或者得了顽疾的人都跑来拜松树，夜里，满寺院躺的都是人，就等着五更天树神下来给自己灌药。和尚一看，哪儿有什么树神啊，那是自己每天把药制好了，五更的时候到树上采树皮的粉末加到药里给牛匠人治的病。

和尚心生一计，搬来一块大石板摆在树下，石板上搁了纸和笔。又在树上挂了个牌子"每日十人，病灶写清，次日取药"。

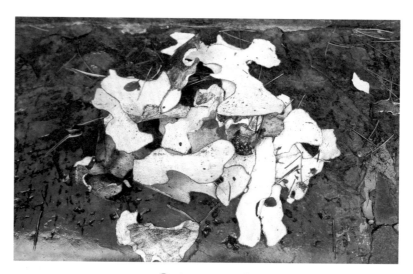

◎ 白皮松树皮 ◎

从此以后，每天来找大松树讨药的前十个病人，把自己得了什么病写下来，有不会写字的，就请了别人代笔，把纸条送过来，和尚就按照病情配制药，夜里再把药放到石板上。这和尚配制药的药材，就是在八大处的山上采的。但老百姓不知情，就都来拜松树，叫它"松树大仙"，还给松树大仙上供，捐点儿香火钱。和尚就用这些香火钱维持生计，每天配药，解除百姓病痛。这个寺庙就是现在西山八大处一处的翠微寺，后来叫长安寺。

搜集整理：**杨金凤**

六

招仙塔的由来

西山八大处的灵光寺内，原有一座大塔，因为这塔建于辽代的咸雍年间，又叫辽塔或咸雍塔。后来怎么就叫成了招仙塔呢？

◎ 八大处公园老职工讲述招仙塔传说 ◎

传说，有一天的早晨，灵光寺的小和尚打开山门，吓了一跳，只见中间山门外的石阶上有个胖和尚，盘腿打着坐，一动不动，连小和尚开门他都不理会。

到了晚上了，小和尚又出来关山门，就见那胖和尚还一动不动地坐在那儿呢。第二天、第三天，一连三天，小和尚憋不住了，就跑去找方丈。

小和尚对方丈说："师父，咱们寺庙门口来了个胖和尚，坐在山门外一动不动的，都三天了，没吃没喝，怎么办啊？"

方丈不动声色，说："别管他。"

胖和尚在山门外打坐，成了小和尚的一块心病，他每天一大清早就急着打开山门看看胖和尚是不是走了；晚上关山门的时候，也急着看看胖和尚是不是晕倒了。可小和尚又连着看了三天三夜，这胖和尚依旧是纹丝不动。

小和尚又跑去找方丈，说："师父，又三天三夜了，那人还没走呢。要不您出去看看？"

方丈一听，没急着出去看，而是急忙收拾自己的东西，趁着小和尚不注意，从后门跑了。小和尚四处找方丈，怎么没人了呢？

原来，灵光寺的方丈都是由老方丈的大弟子来继承的，如果寺里边的高僧出了懒和尚，别处的和尚可以来坐山门，比功夫，胜出的和尚就可以做寺中的方丈了，也可以指定勤快的僧人做方丈。灵光寺逃跑的那个方丈，打从老方丈圆寂以后，觉得修行得差不多了，慢慢地就变懒了，现在一看自己不是胖和尚的对手，哪敢再待在寺里啊，得，拎包逃吧！

却说这胖和尚，听小和尚说原来的方丈溜走了，就进了寺里。胖和尚在众僧中指定了住持方丈，也没多说什么，就要离开灵光寺。

有僧人赶忙上前一步说："大师请留步。"

胖和尚问："还有什么事儿吗？"

僧人问："以后寺中再发生此类事情该怎么办？"

胖和尚想了想说："你们不必忧虑，我有一宝物，可以保持寺里永不出懒惰的僧人。"

胖和尚说完，掏出一根宝鞭甩向空中，只见宝鞭呼呼旋转，放出万道金光，顷刻间，十三节金鞭化作一座十三层的金塔，惊得方丈和众僧齐声称赞。

到了晚上，众僧更是惊讶不已，只见这十三层金塔光芒四射，直冲九天，上界的仙人被宝光所吸不知道人间出了什么事情，纷纷下界观看。霎时间，金塔上空祥云缭绕，仙乐齐鸣，就这样，人们称这塔叫"招仙塔"。又因为这塔上雕满了佛像，而且这些佛像没一个是重复的，所以也有叫它"千面千佛塔"的。这以后，不仅寺里的僧人，就连周边的僧人都变得勤快了，他们精心修行，个个精进。

来　　源：《北京市地名志·石景山卷》
搜　　集：杨金凤

傻子捞金

传说西山八大处从前有座金塔，塔下边有个大池子，池子里的水是山上的泉水流进去的，池子里有很多好看的鱼。那时这里的山叫觉山，山上住着一户养蜂的人家，家里就一个傻儿子，老两口在山上养蜂，怕蜜蜂蜇了傻子，从来不让他跟着去养蜂的山坡，傻子到了夏天就到这鱼池子里玩水。

◎ 舍利塔倒影 ◎

傻子的娘为这个儿子费尽了心思，她对傻子说："儿啊儿啊，你别老顾着玩了，学学本事吧，等有一天我和你爹都没了，你一个人可怎么活呀。"

傻子记住了娘的话，再来鱼池子，就想捞点鱼给娘带回去，他刚要往水里跳，定睛一看，天啊，水里有一大块尖角的大金子，比他们家的房子还大。傻子穿着衣服就跳进水里，想把水里的金子捞回家，那爹娘就高兴了。可他往水里一跳，水里的金子就没了，他折腾一阵只好上来。

傻子坐在池子边上吭吭喘气，喘了一阵，瞧见水里的金子又出来了，傻子又咕咚跳进水里，他在水里一搅和，水又浑了，金子又没了。傻子就这么跳上跳下，闹腾了一上午。

晌午，到了吃饭的点儿了，傻子娘四处找傻子回家吃饭，找到了金鱼池这儿，看见傻子还在水里摸呢，就问他摸什么呢？傻子说，水里有金子。

傻子娘把傻子从水里拽上来，等水清了，仔细一看，原来这水里真的有金光闪闪的金子啊，可傻子娘知道是怎么回事儿。

傻子娘拽儿子回去吃饭，傻子拗着劲儿不走，傻子娘好言告诉儿子，这金子不在水里，在塔尖上呢，那金塔尖映在水里，可不就跟水里落了金子一样。傻子捞金的地方，就是现在的八大处灵光寺的金鱼池，那塔就是招仙塔。

搜集整理：**杨金凤**

小和尚坐树

三山庵的前面有一棵古树，长在寺东几米处的路边，树根在路上，树身向东悬空处伸展，树干打了个九十度的弯，成了三山庵寺前的一景。传说西山八大处曾经有个跳墙和尚，是山下村里的，这孩子打生下来就多病，家里人把他送庙里来了，孩子才七八岁，家里人想等他身体在寺庙里养好了再还俗。

◎ 伸脖树 ◎

寺里师父每天嘱咐小和尚打坐，孩子小，师父命他打坐，他就是坐不住，从前在家里因为有病，让爹娘惯得不成样子，到了寺里他哪曾念过经啊，不是蹲在地上看蚂蚁打架，就是爬到三山庵的庙门外的树上，坐在树杈上学鸟飞。

师父见小和尚喜欢爬树，就说，你干脆就在那树上打坐吧。小和尚乐意坐在树上，树上高，能看远处的景儿啊，过一会儿他就在树上喊："师父，小毛驴驮人上山了！""师父，远处有皇轿来了！""师父，我娘给我送吃的来了！"

　　他这一叫，山林里的各种鸟就叫着飞起来，在林子里转。小和尚也伸着俩胳膊学鸟飞，坐在树上学鸟叫。小和尚长年累月地坐在树上看东边的景儿，看不清的时候身子就往东挪，日久天长就把棵直溜溜的树给坐得往东歪了。来来往往的香客老能看到一个小和尚坐在树上练功，说他本事大，有的人家还特意送来做跳墙和尚的小孩儿专门跟小和尚学坐树功。现在人们看到的这棵老树，半个树干一直往东伸展。也有人说，这棵树是被皇上赶出宫的一个宠妃变的，她知道皇上老来这里，就守在路边。皇上不来的时候，她就一直这么探着身子往东瞧，连皇帝进了颐和园她都能瞅见。

搜集整理：**杨金凤**

九

金王府

西山八大处有一个寺叫大悲寺，大悲寺里有个大悲殿，大悲殿是明嘉靖二十九年（1550年），泾王朱佑橚继妻泾王娘娘、司礼太监张洪和泾府太监吴保等40多人捐资修建的。大悲殿在翠微山的山腰上，开始叫隐寂寺，寺庙上嵌的"敕建大悲寺"是清代康熙皇帝写的。

为什么泾王娘娘会来京西呢，还花钱修寺庙？这其中有个民间传说。明弘治十五年（1502年），泾王封地在沂州，就是现在的山东临沂。在蒙山山前有块风水宝地，这宝地是"北是靠山，南有照山，东为龙山，西为虎山"，老百姓称为"北靠南照，东龙西虎"。泾王就在这里为自己和两个王妃准备陵墓，把三个墓室都修成了，当他的妃子曹妃死了以后就埋在了这里。三个墓，中间是泾王自己的，一边已经埋了曹妃，那另一个是谁的墓呢？

话说这泾王还有一个妃子，姓魏，这第三个墓室便是给魏妃准备的。哪知这泾王在曹妃死后的第七个年头，即嘉靖十六年（1537年），也去世了。有人把泾王去世的消息赶紧禀报当朝皇帝明世宗，明世宗立刻下令工部给泾王建坟，还赐了谥号"简"，即"泾简王"。泾王怎么就能回京安葬呢，因为当时明朝有条规定，就是封王就藩的，人死了以后又没孩子的，死后可以回京。

给泾王选坟，不能不参考魏妃的意思，魏妃娘娘就一句话，照着山东那么好的地方找。还别说，就离都城十几里的地方，还真有这么块宝地，就在京西现在的八大处。这地方东有青龙山，西有虎头山，山南有永定河。当地老百姓有民谣，说"东有龙，西有虎，南有照（水），北有靠（山）"。泾王娘娘听禀后到此一看，哎呀，这地方太好了，就选这儿吧！

世宗下令将泾简王和曹妃合葬在一块儿，于是泾简王的灵柩连同先死的曹妃灵柩一起运到了泾王府，就是现在的金王府下了葬。对泾简王的另一位王妃魏妃，嘉靖皇帝也做了妥当安排，在北京建泾王府，使其颐养天年。八大处公园《新建大悲殿碑记》中便有关于魏妃的记载。泾王去世后，魏妃每年要到西山八大处来给泾王扫墓，春秋之际也会择吉日到西山八大处烧香拜佛。每次来，大悲寺是魏妃必拜之处，她不是烧完香就走，常常是在大悲寺念佛吃斋多日。后来魏妃为了表示她的虔诚敬佛心意，就在嘉靖二十九年（1550年）与众人一起捐资修建了大悲殿。

◎ 大悲寺南新建殿堂 ◎

　　大悲寺的碑文中记载："寺原有余地，遂起大悲殿，用以崇奉慈尊，求福利也"，捐资者为"泾主娘娘及司礼太监张洪、泾府太监吴宝等四十多人"。现存史料中，女性捐资兴建寺庙殿宇的记载本就不多，像魏妃这样王妃级别的女性捐资兴建的就更少，而能够以自己的名义作碑记的情况更是极其罕见。明《宛署杂记》记载，泾简王妃曹氏葬于金山。北京西山八大处有个自然村叫金王府，此村就是因葬明代的泾王而得名。从《大明泾简王妃圹志》可知，前往京西参加祭祀活动的人员规格非常高，有"昭圣恭安康惠慈寿皇太后、章圣慈仁康静贞寿皇太后、中宫、公主"。昭圣恭安康惠慈寿皇太后就是明孝宗皇后张氏，章圣慈仁康静贞寿皇太后是明世宗生母蒋氏，中宫为明世宗的皇后方氏；公主有仁和公主和德清公主。

搜集整理：**杨金凤**

大悲寺的由来

传说西山八大处这地方过去是一片苦海，苦海岸边的人生活备受煎熬。一位菩萨看到人们在苦海中日日煎熬，决定解救人们。

◎ 大悲寺 ◎

这位菩萨来了以后，教化人们修习佛法。很多年过去后，苦海的水渐渐退去，露出一片仙岛，人们就到仙岛上来养鸡鸭、种田地，这里的树越来越多，浓郁成荫，花草铺满地，柔软芳香，清泉甜润，长流不竭，人们说这里是人间净土。人们为了纪念这位大慈大悲的菩萨，就在翠微山上修建了一座寺庙，起名叫大悲寺。

讲述人：杨儒有
整理人：杨金凤

添丁进口

大悲寺从前香火特别旺，很多妇女来这里求子。从前老百姓家日子穷，都盼着生个男孩儿好帮家里干活，但往往是天不遂人愿，越是想添丁进口地生个男孩儿，越是得不到。从前民间在除夕供奉老天爷时要设立"天地堂"，在院子里搭一小棚，棚里摆放个小桌子，桌子上立个神位牌；神位前摆着香炉、供品，还挂着一盏灯笼，灯笼代表姜太公的席位。据说姜太公当年封神时，别人都封了，就是忘记了封自己，自己没有席位只好和老天爷坐在一起。另有传说，说唐太宗李世民鼓励读书，民间都把小孩儿送去上学，入学的第一个节目叫"开灯"，就是把事先做好的花灯带到学校去，请一位博学的老先生点起来，象征前途光明。从前的私塾，多半在正月十五稍后开学，因此开学的花灯，也成了"上元节"的点缀。

到了正月十五灯节，就成了想要添丁进口人家的大事儿，"灯"是"丁"谐音，就点上灯笼到寺里求子，京西八大处一带的人就到大悲寺来烧香求子。据说申王府原来有一家看坟户，一直膝下无子。这年正月十五，这家的李婆婆就拎着灯笼来烧香祈求添丁进口，路上遇到另一个村的妇女，这妇女腿有毛病，身下垫着个蒲团，爬着往大悲寺去。李婆婆见西山下大雪后路上又冷又滑，就跟伤腿的妇女说，要不这样吧，你帮我提着灯，我背着你走。这爬着的妇女也不客气，一身雪一身泥的就趴在了李婆婆身上，山路又窄，雪又滑，李婆婆不知摔了多少个跟头，总算是来到了大悲寺。李婆婆把那妇女放下，给她取了香，让她烧。然后李婆婆管那妇女要灯笼，传说是拎着自己拿来的灯笼搁在佛前烧香才管用，哪知那妇女不给李婆婆，说你好人做到底，这灯笼让给我吧，你看我多可怜啊，腿折了，我要能添个丁，往后也有人照顾我啊。李婆婆看看这人实在也是可怜，想想算了，灯笼就给她吧。李婆婆就开始磕头、烧香。

李婆婆磕完头、烧完香，想着那妇女下山也难，还是把她背下山吧，可李婆婆怎么也找不着那女人了，李婆婆赶紧往山下追，也没有。这可怎么好，李婆婆又返回来到寺里找，四周也都找了，还是没有。李婆婆就又在寺里烧香，念叨着佛祖保佑那妇女安全回家，千万别冻死在路上。说这时候天色已晚，慢慢就黑下来了，李婆婆深一脚浅一脚往回走，突然看见远处有灯亮，走近一瞧，是她们家那盏灯笼挂在一根树杈子上呢，李婆婆也没多想，提着灯笼就回家了。

◎ 大悲寺 ◎

回到家，李婆婆的儿媳妇问李婆婆，说您这灯笼上提走的时候没有字，回来怎么多了字了？李婆婆家也没人认识几个字，找来识字的先生看，上边写的是："上祈天意，下护苍生。添丁进口，无量福寿。"李婆婆问，这是好字儿还是坏字儿啊？识字的先生问，你这灯笼哪儿来的？李婆婆就把经过跟识字先生说了一遍，识字先生告诉李婆婆，你是积德行善了，就等着添丁进口吧。果然过了十个月，李婆婆的儿媳妇生下个大胖小子。

讲述人：**周秀珍**

整理人：**杨金凤**

龙王堂龙王柏

五处的龙王堂有一副对联："佛德巍巍，丽中天之杲日；慈风荡荡，振大地之春雷"。有些人看罢这对联说写对子的人是胡写，怎么能把佛和龙混在一起做对子呢。可当地的老百姓不这么想，他们觉得这龙王堂可不能小看了，龙王的化身就是龙王堂里的龙王柏。

传说，从前离龙王堂不远的浑河里有一条小白龙，向来不祸害附近的百姓，天气好的时候，就把头伸出水面玩耍。这天它正玩着，一支冷箭嗖地射进了它的眼睛，是打野兔子的猎人误伤了小白龙。

受伤的小白龙想要治眼睛，以龙形出现怕吓着人，就变成一个穷孩子，捂着受伤的眼，爬上翠微山，在林子里找治眼伤的药。它来到一处泉眼的时候，遇上了正在甜水泉打水的净莲姑娘，净莲一看，说这小孩儿眼睛伤得这么厉害，你坐这儿等着，我给你找药。净莲问小白龙是种什么药，小白龙说，只要找到一种生在甜水泉旁边的仙草就行。

净莲把小白龙搀到一块大石头上坐下，自己就漫山遍野地给小白龙采药，采来药，用泉水洗干净，在罐子里把药捣碎，给小白龙洗眼睛，就这样，一连十多天，小白龙的眼睛就治好了。

小白龙觉得跟净莲在一起玩比自己在浑河里待着好，他就留下了，白天帮净莲干活儿，晚上就偷偷溜进甜水泉里。

谁知，这年大旱，山上的草木都枯黄了，小白龙白天帮净莲用泉水浇地，晚上吸

◎ 龙王柏 ◎

了泉水喷在翠微山上，所以，这一年，别的地方的山都焦黄的，只有翠微山的树木翠绿，鲜花盛开，虫鸣鸟叫不绝。这事儿被黑龙王知道了，他要独占甜水泉，一夜之间毁了净莲的地，把附近的人都吓得逃走了。净莲也劝小白龙和自己一起走，小白龙可不想走，它要跟黑龙斗斗法，把黑龙赶走。

　　这天夜里，黑龙又来吸甜水泉的水，还扬言要在三天内吸干。小白龙眼睛还没全好，它就想了办法，准备好了两支锋利的竹子，躲在甜水泉里。天黑了，一阵狂风卷过，大黑龙出现在甜水泉边，狞笑着把头伸进泉水里，还没等大黑龙张嘴吸水，小白龙拼足全身力气，举起两根尖竹子，猛地扎进了黑龙的眼睛，黑龙疼得翻江倒海，甩起龙爪，一下子就把小白龙头冲南、尾巴冲北地拍在了甜水泉边上。大黑龙还不解气，把小白龙的身子咬下来扔到坡下。受了伤的大黑龙又逃回浑河里去了。后来小白龙的头和尾巴就变成了龙王堂的两棵龙王柏，身子就变成了龙王堂里的水池，甜水永远没断过，造福了当地的老百姓。

搜集整理：**杨金凤**

龙泉庵黑龙戏水

　　龙王堂既供佛像，又供龙王，到底是个什么寺庙？原来，龙王堂本是个佛寺。过去，这里地下水资源非常丰富，寺中山泉冬夏不涸，望之晶莹剔透，品之甘洌可口。寺僧们为使山泉不至白白流掉，就在院子里凿了一个龙池，又在池水中养了几尾金鱼，使寺庙陡然增色。

　　清光绪年间，寺僧们在院南盖了一栋南房，这样既可接纳往来僧侣，又可使进香的百姓在此小憩。房子盖好后，寺僧们请来了四邻僧众前来品茶。入夜宴罢，僧众归寝。新茶棚却被一把大火烧坏，僧众们筹金重建，不想又遭天火。

　　一天，一僧人深夜出恭。忽见龙池内跃起阵阵水波，这僧人颇觉玄妙："这风清日朗，池内如何起得了这大的波浪？"僧人边想边贴近池边，借了月光，忽见不远的一棵古树上，一巨蛇正沿树干向池中爬哩。那蛇足有碗口粗细，爬了许久，蛇尾仍在树冠中。这时，天鸡已唱，那蛇缓缓爬回树去，转瞬不见了踪影。这僧受了惊吓，恭也未出，径直回房唤醒了众僧，将此事一一告之。直到此时，众僧才恍然大悟。这蛇出现乃是蛟龙显圣，两次遭焚，都因盖房触怒了龙王。

　　后来，众僧塑了龙王泥像供奉殿内。从此后，这个寺庙一直平安无事。后人们开玩笑说："龙王有了落脚处，自然就不兴风作浪了。"

讲述人：杨儒有

整理人：廉　学

卢师和大青小青

版本一

　　大致是唐天宝年间，有一个僧人叫卢师，这卢师是怎么来的呢？他是从江南乘着一只小船，漂流到这里的。他说："船停止的地方就是我要去的地方。"这小船从江南到北方，得走多少年啊，得过多少名川大山啊，可小船都没停下，就到了尸陀林停下了。卢师从小船上下来，上岸后就住下了。不久卢师还收了两个徒弟，他们就住在了卢师山的秘魔崖。

◎ 清代绘制的秘魔崖图 ◎

话说那年，还正赶上天下大旱，卢师看到众生受苦，就带上两个徒弟到长安区施法降雨。其实卢师这俩徒弟是青龙的化身，只见这俩徒弟一会儿钻进龙潭，一会儿又腾空而起，几个来回之后，只见乌云密布，转眼就大雨倾盆了。这雨救了众生，也为当朝皇帝解了忧。

连皇帝也佩服卢师和他俩徒弟的本事，就下旨，赐卢师名为"感应禅师"，还动用朝廷钱财，为卢师建了一座寺，赐名为"感应寺"。

讲述人：吕品生

整理人：杨金凤

版本二

隋唐的时候，浙江有一位居士姓卢，年老辞官了，然后一门心思只想修禅。于是他就造了个独木小舟，孤身一人顺流而下。他不用篙，也不用橹。途中有人问他："到哪里去啊？"他就跟人家说："船漂到哪里我就到哪里"。过了几天，独木舟在桑干河边，也就是今天的永定河边停了下来。卢居士下了小船上了岸，老远就看见西山云雾缭绕的，他走到山半腰，看见秘魔崖凸出来一块巨大的石头，大石头下就好像一个天然的大房子，他高兴极了，自言自语地说："这就是我要住的地方啊！"

于是，他把巨石下面清扫了一下，就住了下来，开始静心修禅。不久，此地大旱，有大小青龙前来助阵，降下大雨，大小青龙就在龙潭之中，后来做了卢师的两个弟子，诚心修佛。

◎ 卢师（中）和二童子 ◎

搜集整理：杨金凤

版本三

◎ 证果寺香炉 ◎

　　在很早的时候，黄河龙门居住着大青、小青两条孽龙，成年兴风作浪的，危害老百姓。大禹治水的时候，用神锹铲除了龙窝，两条龙斗不过大禹，只好尾巴一甩来到苦海幽州，潜居在秘魔崖东南侧的青龙潭中修炼。眼见卢师也要在这里修行，两条龙心中恼怒，决定与卢师较量较量。一天，卢师正在睡午觉的时候，洞外阴云密布，风雨大作，两条光亮的雨柱飘泼下来，直逼秘魔崖，把卢师淋个透湿。一连几天，卢师都无法睡觉。卢师仔细观察才发现，每次山坳大雨倾盆，山外却是艳阳高照，这可奇怪了！再细瞧，空中两条孽龙正在喷云吐雾呢！这下可气坏了卢师，他马上取出一钵摆在案几上，嘴里念着咒语，把雨水全收在了钵中。两条孽龙见势不妙，正要喷施妖气，哪料想钵已腾空而起，一声霹雳，钵水炸开，只打得它俩抽筋剥骨似的疼痛，摔入了青龙潭。没过几天，有两个童子来拜见卢师，愿意做小沙弥伺候卢师，卢师收留了他们。一日，天下大旱，皇帝诏榜祈雨，二个童子揭皇榜应聘。等回到寺前，一纵身跳进青龙潭，化作两条青龙，飞到了空中广播云雨，一下子解除了旱情。原来，二童子就是那两条孽龙，因为受到佛法感化，弃恶从善。这件事很快传遍了天下。皇帝大喜，诏封卢师为"感应禅师"，山名也由"尸陀林"改名为"卢师山"，同时赐资敕建感应禅寺。

搜集整理：**杨金凤**

版本四

卢师山在八大处东侧，是石景山、翠微山、天泰山、鬼子山、老山、赵山、金顶山和八宝山的九兄弟之一，清圣祖康熙形容其为"峰峦回互，草木茏葱"；"晴岚霁雪，秋水春华"。在这个山上有一个"两条青龙会降雨"的传说。

在《明史》、《重修镇海禅寺记》碑、《帝京景物略》《钦定日下旧闻考》，还有《清溪漫藻》和《燕山丛录》等著作中，对这个传说都有记载，《钦定日下旧闻考》说"卢师山以神僧得名，师隋末居此山，能驯童子"。《帝京景物略》说"石子凿凿，故桑干河道也，曰卢师山"，"有寺曰卢师寺"，还说"隋仁寿中，师从江南棹一船来，祝曰，船止吾止，船到崖下止，师遂居焉"。又说"居数岁，二童子来，曰大青、小青，愿侍师，不去。岁大旱，所司征祷雨者，童子白师，乘师愿，愿施雨，雨一方也。遂乘云气去。俄，雨大注，知大青、小青，是乃龙也"。此二童子施雨后，"龙归，投潭中。潭广大，巨石覆之，深黝不可测"。在明朝景泰五年（1454年）刻制的《重修镇海禅寺记》碑上，记录得更加细腻。"（师）居无何，有二童子拜前，师问何来？何姓氏？童子曰，吾龙王子也。闻师居是，来执薪水之劳。卢纳之，祝发为沙弥，日以鬻薪。奉卢师馔供，虽寒暑不怠。时旱，三年不雨，树枯井竭，民甚忧之。沙弥往京，见皇榜曰，国人祈下甘雨，重以爵赏。沙弥揭榜而归。时看榜官徐来曰，雨能期乎？沙弥曰，三日内甘雨霖施。言讫，委身龙潭，须臾化二青神龙，一大一小，出没显现。本官具实奏闻。至期。甘雨果作，田畴俱满，枯者荣，忧者喜，百官称颂。皇情大悦，遣大臣降香，御驾枉顾"，"赐卢师号曰感应禅师"，并在山上建寺，赐名感应寺。

由于大青、小青二龙为地方降下及时雨，使久旱的禾苗逢了甘霖，加上皇上亲临看望，卢师山名声大振，遐迩闻名。

◎ 民国时期证果寺 ◎

明朝宣德二年（1427年），宣宗皇帝在翠微山（原名平坡山），建大圆通寺，就是今天的香界寺。那两条青龙又在今八大处地区"现诸异相，祷之有感"。宣宗于是颁布圣旨，敕封大青龙为"辅国广泽善行真功宣德济民大青龙王；封小青龙为佐国溥泽积行察功施德利民小青龙王"。可见这两条青龙还真正经八百地得了封号。

鉴于大小青龙布泽施雨有功，《明史》把它们尊为神，叫作"大小青龙神"，并把它们与"释迦牟尼佛""紫微大帝""北极佐圣真君""东岳泰山神"等神并列，一块儿供奉，"春秋祭之"。

讲述人：栗加有

整理人：杨金凤

版本五

早在隋唐时代，从江南坐船来一高僧，姓卢，人称卢师和尚。他道行高、会法术，云游天下。有一天，卢师云游至九龙华山，见一只仙鹤正在啄两条小蛇，蛇发出呼叫："老师救我！"卢师挥拂尘惊走仙鹤，收两蛇于钵盂中，一大一小。卢师遂给取名，大的叫大青，小的叫小青，并把大青、小青收为徒弟。

一日，他自造一只小木舟，无篙无橹，独自一人坐在船上，口中念念有词："舟行我行，舟止我止。"说罢，小舟向北逆水而上，卢师不食不饮，随舟而去。舟漂流数日，来到了桑干河的分岔处，又继续向尸陀林方向漂去。

卢师抬头远眺，见前方山峦起伏，似隐似现，如梦如幻，仿佛进入了仙境。

舟至山脚下自停。卢师弃舟登山。此处三面环山，一面环水，山上苍松翠柏，泉水清澈，小溪潺潺。卢师感叹不已，闭目合掌曰："是我所居也。"他来到山腰的一块巨石下停住。这巨石的一半是悬在空中的，另一半与山连接，犹如屋顶。石中有一洞，卢师在洞里修了石门、石窗，以大石板当床，崖下有一深潭名青龙潭，潭水清澈如镜。卢师洞中苦苦修炼，生活非常清苦。

一年天大旱，三月不雨，树枯井干。百姓整日愁苦，祈求神灵苍天也无济于事。大青小青对卢师说："我乃龙王也，师父救了我们二人，师父常说救人一命胜造七级浮屠，我二人愿委身龙潭，重脱蛇身修炼五百年，以救众生。说罢，大青小青纵身跳入龙潭，顿时，潭水翻滚，潭中升起一股青烟，二青龙飞入天际，兴云吐雾，一会儿不见踪影。三日后，果降甘霖，田畴

◎ 卢师山 ◎

俱满。百姓高兴至极，礼拜称颂。皇上派使臣前往寺庙，赐卢师为"感应禅师"，建寺为"感应寺"，更山名为"卢师山"。封大青为"应济侯"，小青为"利泽侯"，并在秘魔崖下塑造了二童子侍师像。每到春秋，官府便派人祀二青龙。这就是卢师山的由来。

来源处：《石景山区地名志》
整理人：杨金凤

十五

十三妹火烧姚家寺

到过西山八大处的人，都知道八大处的第八处是证果寺。证果寺东南方向还有座姚家寺，却鲜为人知。姚家寺现存遗址仅有一塔，砖石结构，密檐式，八棱七级，高十五米许，孤零零地矗立在遗址内。

姚家寺最初称为圣水寺，又叫圣水禅林。清顺治年间，汉萍禅师到圣水寺任住持。汉萍圆寂后，葬于寺旁，所谓"姚家寺塔"实为汉萍禅师塔。汉萍禅师圆寂后，圣水寺来了位姓姚的和尚，因其行六，人称姚六和尚。姚六和尚实属佛门败类，仗着身高体壮，又有武功，纠集了几个花和尚，霸占了寺庙，从此圣水寺改称姚家寺。

寺名虽然改了，但老百姓还是叫它圣水寺，原因是寺内有一清泉，水质纯正，甘甜清冽，沁人心脾，闻名遐迩，方圆几十里的人都到寺内打泉水。汉萍禅师在世时，到寺内打泉水的人成千上万，从未听说谁失踪过。自从姚六霸占了寺庙，给打泉水的人定了个"规矩"：只许妇女进寺，男子禁止入内。姚六利用权势之便，经常非礼来打水的妇女，妇女受了污辱，羞于启齿，自认倒霉。

俗话说，纸里包不住火，没有不透风的墙。一次，有位王府的千金小姐到寺内进香，被姚六奸污。小姐回到王府，向王爷叙说凌受耻辱的经过。王爷闻听，勃然大怒，派兵将姚六五花大绑押到王府。王爷手持钢鞭，亲自审问，姚六若不据实回答，王爷劈头盖脸就是一鞭，只打得姚六皮开肉绽。正当王爷怒不可遏之时，管家向王爷耳语了一番，王爷吩咐放人。

王爷怎么把姚六放了？原来，管家向王爷进言，有位侠女何玉凤，人称十三妹，好打抱不平，尤其欺负妇女的事儿，不让她知道便罢，只要让她知道了，非管到底不可。管家把姚六的暴行向十三妹一说，十三妹火冒三丈，立即出阜成门，经杏子口，过嘉禧寺，直奔姚家寺而去。

再说姚六被打得皮开肉绽，好不容易才回到姚家寺。一到寺里，他就又吹起来了："哥儿几个，要不是我福大命大造化大，早就上西天去见弥勒佛了。"他得意扬扬地刚要坐下，屁股生疼，不由自主地"哎哟"了一声。他想起王爷的钢鞭，一鞭下去就是一道血印，想起来就后怕。不过，有件事儿姚六怎么也想不明白，管家向王爷耳语之后，王爷就把自己放了，其中有何奥妙，真叫人捉摸不透。嘿！管它呢，以后注意点儿就行了。

正想着，十三妹进寺。十三妹武功高强，没等姚六近身，手起剑落，姚六的脑袋就落了地，十三妹还是余怒未消，又放了把火，烧了姚家寺。大火烧了整整七天七夜，将姚家寺化为灰烬不说，还把姚家寺以北的清凉寺、弘德寺、洪福寺，也一起夷为平地。大火好像长了眼，唯独不烧汉萍禅师塔，因此汉萍禅师塔就保存下来了。

搜集整理：**李新乐**

第三章 帝王、名人传说

乾隆三修避暑行宫

乾隆年间，皇城西边有一座山，叫平坡山，平坡山上有一座寺庙，叫香界寺，香界寺是西山八大刹里头修建得最漂亮，占地最大、最宏伟的一座寺庙。怎么就香界寺修建得最富辉煌呢，因为乾隆皇帝的行宫建在这儿了。

传说乾隆每到夏天就来小西山一带游玩，小西山距离皇城还有几个时辰的路途，有时候乾隆玩上瘾了，天色不知不觉就晚了，乾隆一想，我要在这小西山上修建个行宫多好，住上几日都无妨啊。

◎ 平坡山殿宇 ◎

乾隆令人开始在平坡山大兴土木，别的地儿修得都挺顺利，修到乾隆皇帝住的屋子时，领头的就用最好的木头修建，房子修建好了，有人报给乾隆请他起驾来香界寺瞧瞧。哪知乾隆来到行宫一瞧，立刻不悦，说你们用的这木头不行，太监问，说万岁爷您想用什么样的木头呢？乾隆说出三个字儿：金丝楠。

上哪儿找这金丝楠木去啊？上上下下的人就发愁了，不光太监发愁，乾隆自己个儿都发愁，他心里明镜儿似的，找金丝楠木不是件容易事儿啊。他琢磨来琢磨去，就琢磨到被烧过的明代建的十三陵了。十三陵确实是被烧过，可是还有些地宫里的金丝楠木没被烧，要是把那些木料弄到平坡山来，那行宫就气派了。

乾隆暗自吩咐贴身太监去办这件事儿，但对外不能说是去拆明朝的皇陵，怕流传出去对自己名声不好。乾隆身边不乏拍马屁的，就给乾隆出主意，说万岁爷，您对天下黎民百姓就说要修明十三陵，修的时候嘛，把金丝楠木换下来不就成了。乾隆大喜，就这么办了。

被偷梁换柱下来的金丝楠木就运到了平坡山上，这边工匠也早就把先前建的拆了，金丝楠木一到，立刻开始兴建行宫寝殿，等这寝殿修完一看，太漂亮了，金丝楠木还能发出阵阵的香气，在西山百花盛开的时候，行宫里里外外香气扑鼻。乾隆这个高兴啊，决定马上到行宫来住住。

哪知乾隆住的第一宿就噩梦连连，惊魂盗汗而醒，第二天、第三天还是噩梦不断。乾隆想，这是怎么回事儿呢？哪儿不干净啊？跟什么犯冲了？乾隆身边有个大太监，叫高云从，高云从开始就阻止过乾隆偷梁换柱的伎俩，无奈皇帝认准的事儿，别人也不敢阻拦啊，为此高云从没敢言声儿。现在他见乾隆住进来后中了魔一般，就悄声跟乾隆说，万岁呀，这金丝楠木固然是好，可它毕竟是从墓里弄来的，您这是把明陵搬过来了，您说您跟死的人住一个屋子，能不闹腾吗？这是原来陵墓里的人阴魂不散啊。乾隆一听，有道理啊，立刻吩咐高云从找人重修。

说是重修，那木头用哪儿的好呢？乾隆想想，也别瞎折腾了，就从平坡山上砍树建房。就这样，建好的行宫寝室又拆了，重新盖新的。

后来修成的行宫乾隆很满意，连香界寺也修得宏伟辉煌。香界寺坐北朝南，依山取势，这寺分左、中、右三路，五进院落，山门殿上方悬一石额，刻着"敕建香界寺"，二进院落内古松虬枝盘旋，张牙舞爪，故称"龙松"。有传说这龙松是乾隆的化身。

讲述人：**门文学**

整理人：**杨金凤**

敬佛碑

◎ 香界寺敬佛碑 ◎

乾隆不光是夏天来香界寺避暑行宫避暑，冬天也来。冬天来干吗？打猎。京西地区层峦叠嶂，有野兔子、野山鸡还有狼。乾隆带着大队人马打完猎，沿着上山的路就到了香界寺前，下马抬步进了山门，往山上走，过了钟楼鼓楼的院子继续往上走，走到一处平台的时候，也不知是打猎骑马累的还是刚才登台阶儿上山累的，只觉得膝盖发软，脚下发绵，双腿这么一软，咕咚就跪下了。随从们一看乾隆摔倒了，呼啦一下子上来一群人扶他，哪知乾隆阻挡住众人，并没有马上起来，因为他眼前飘飘忽忽的有个菩萨一晃而过。乾隆揉揉眼睛，看到双膝下有一块巨大的长方形石板，心想，莫不是这石板下有蹊跷？

乾隆即刻让人把这石板挖出来，等手下把石板挖出来以后，乾隆又令人把石板翻过来，不翻不知道啊，这一翻，所有在场的人都傻眼了：只见这石板一道亮光飞出，石板上并无任何字迹。乾隆让手下把石板立起来，哪知这石板虽然巨大，可工匠们立的时候并没费多大劲。第二天一大清早，东方金光闪耀，乾隆来到巨大的石板前站定观察，突然眼前又闪过了昨天出现的那个菩萨形象。乾隆让太监找来西山一带最好的石匠，吩咐下去，按照他说的，在这块石板上雕刻佛像。不久，这块碑上就雕刻出了一幅"大悲菩萨自传真像"。这个石刻画像，现在还立在西山八大处的香界寺里。

搜集整理：**杨金凤**

顺治出家

版本一

传说顺治皇帝因爱妃董鄂妃之死及自己的治国安邦大计不能实现，终日郁郁寡欢，遂看破红尘离开皇宫。

顺治到了天泰山出家，整日和师父一起念经，但他总是愁眉不展，一副心事重重的样子。这天，他在午睡中梦里又见董鄂妃，心中烦闷，一个人下山散心。他下了天泰山，过了万善桥往东走。那日正是骄阳似火，顺治走得汗流浃背，于是来到路边的一个小村庄歇口气。

顺治刚坐下，发现前边不远处有一口水井，一个老婆婆正在往上打水。顺治舔舔干渴的嘴唇，急忙过去要水喝，老婆婆让顺治自己打，顺治打上来一桶水就在井边喝，边喝边看着井水，他发现水不断地从井口涌出来，总也不竭，于是纳闷儿地问老婆婆是什么原因，老婆婆意味深长地说了一句：这就叫作井满水自流。

顺治细细品味老婆婆的话，突然发现刚才映在水中的老婆婆的身影已经不见了。顺治在井边呆坐了很长时间，顿然大悟，似乎找到了修炼正果的真谛。

以后，人们把顺治喝过水的这口井叫满井，而把这口井所在的村子叫成满井村了。

搜集整理：屈子杨

版本二

清代有个皇帝叫顺治，他登基的时候岁数不大，才六岁；死的时候岁数也不大，才二十四岁。一个皇帝，在宫里吃好喝好，指手画脚指挥全天下，怎么好好的就死了呢？民间传说其实顺治根本没死，他是造了个死的假象，到小西山出家了。他出家的地方就在八大处西边的山里，有个寺叫慈善寺，可当地人不这么叫，都叫魔王老爷庙。每年农历三月

◎ 慈善寺娘娘庙 ◎

三日，善男信女纷纷来上香，还有很多档花会从京城及四面八方来此拜会，香火兴盛，特别热闹。

这庙里供奉的有佛教、道教和民间的各路神仙，最奇怪的是庙里还供奉有一尊泥胎，这泥胎不是别人，正是顺治。传说他出家后在此坐成泥胎，有人不相信，问你怎么就认定这泥胎是顺治呢？这可简单了，因为顺治圆寂后坐成泥胎的庙里的后墙上写了首挺长的诗，叫《顺治题

壁诗》：

　　天下丛林饭似山，钵盂到处任君餐。黄金白玉非为贵，唯有袈裟披最难。朕乃山河大地主，忧国忧民事转繁。百年三万六千日，不及僧家半日闲。来时糊涂去时迷，来去昏迷总不知。不如不来亦不去，亦无欢喜亦无悲。未曾生我谁是我，生我之时我是谁？长大成人方知我，合眼朦胧又是谁？但愿不来也不去，来时欢喜去时悲。每日清闲谁多识，空在人间走一回。口中吃得清和味，身上常穿百衲衣。五湖四海为高客，逍遥佛殿任僧栖。莫道僧家容易得，皆因前世种菩提。虽然不是真罗汉，亦搭如来三顶衣。兔走乌飞东又西，为人切莫用心机。世事如同三更梦，万里乾坤一局棋。禹开九州汤伐夏，秦吞六国汉登基。古来多少英雄辈，南北山头卧土泥。恼恨当年一念差，龙袍换去紫袈裟。我本西方一衲子，因何流落帝王家。十八年来不自由，江山坐到几时休。我今撒手归山去，管他千秋与万秋。

　　顺治圆寂坐胎的姿势也是略微冲向北京城的，人们说他是还惦记着朝中之事。京西一带的老百姓都来这个地方烧香，据说连保定、天津的都来这里烧香。当地百姓叫慈善寺为老爷庙，也有的叫老佛爷庙。

搜集整理：**杨焕生**

前山的鬼王

西山八大处当地有句顺口溜："前山的鬼王，后山的魔王，四王府的阴阳。"意思是说附近有三个和尚都是肉胎塑像。现在说的是前山的鬼王，那这前山和尚为什么叫鬼王呢？有个故事还得从头说起。说是有一天，皇宫里大乱，乾隆皇帝病得不轻，说是快不行了，御医慌慌张张跑去给皇帝医病。太监和宫女们更惊恐了，有的说昨天夜里看见香妃从窗户飘过来了，有的说夜里听见香妃说话了，闹腾得整个皇宫里阴森恐怖，人心惶惶，特别是以前对香妃不好的人，怕香妃鬼魂也找上自己。香妃是让崇庆皇太后赐死的，所以阴魂就老到宫里来作祟，而乾隆皇帝是因为思念香妃，日久成疾，病得越来越重。

◎ 宝珠洞 ◎

御医看着皇帝快咽气儿了，该用的药也都用过了，实在是一点辙也没有了，可也不能眼瞧着皇帝就这么等死啊。这时候，经常跟随乾隆皇帝来西山八大处香界寺的一个太监，曾经受到过皇帝的恩宠，绞尽脑汁想着救皇帝的办法。他找到御医悄悄说，皇帝的病不是没治，还是有办法的，不过这办法不是药治。御医问不用药用什么？这太监就神乎其神地跟御医嘀咕了一阵子。

一行人快马加鞭就奔到了西山八大处的宝珠洞，他们是来接桂芳和尚的。皇帝叫个和尚进宫不费吹灰之力呀，桂芳和尚一听要救皇帝，于是叫上寺里一百零八个和尚跟他一起进了宫。这些人进宫以后，诵经作法，这一作就是七七四十九天。到了第四十九天，宫廷山下的人都提心

吊胆地等着看皇帝的病是不是有起色，嘿，还别说，到了第五十天的头上，乾隆皇帝能下地走了，第五十一天就能上朝了。

桂芳和尚救皇帝的事全北京城都传开了，上宝珠洞上香的人也蜂拥而至，人们神乎其神地说桂芳和尚是管鬼魂的活佛。

乾隆病好了，就起驾到八大处来看桂芳和尚，问桂芳和尚要房产还是要金银财宝。桂芳和尚说我一个出家人，这些都没用。皇帝心里过意不去，灵机一动，说赐给你四个字吧，挥笔写下"鬼王菩萨"。

讲述人：吕品生
整理人：杨金凤

宝珠洞鬼王

西山八大处的八座寺，其中最高的是七处宝珠洞，它位于翠微山山顶。宝珠洞这个寺庙和一般寺庙不同，没有山门，也没有天王殿，只有两座殿堂，一为观音大士殿，连同左右配房构成院落，院落不大，一百多平方米；另一个是阿弥陀佛殿，在宝珠洞上方。宝珠洞洞口正对观音殿后壁，相距不到三尺。宝珠洞里黑幽幽的，白天也看不见人。出洞口从旁边沿石阶而上，站在阿弥陀佛殿前，往下一看，像一大蚌壳倚在石壁上，宝珠洞就在石蚌当中。宝珠洞并不很深，洞内四壁岩石奇特，黑白相间，好像无数蚌珠凝聚在一起。宝珠洞由此而得名，寺庙也因此而得名。

传说洞中曾点燃油灯，供奉一坐化成佛的和尚。坐像不高，周身贴金，前有牌位，上书"钦命赐紫感堂上中兴第一代传临济正宗三十三世桂芳岫翁老和尚位"等字。赐紫，是过去皇帝赐给三品以上官员的一种袍色。这里用"赐紫"二字，表明皇上对坐化和尚的尊崇，这和尚俗称"鬼王菩萨"。

这鬼王菩萨是怎么来到这里的呢？说是几百年以前，有个叫桂芳的老和尚，有人说他从后山来，也有人说他从陈家沟广禧寺来，他已经修行多年。桂芳和尚年岁很大，其貌不扬，开始是先到的六处香界寺，比他先来的小和尚看不起他。冬天，住持让小和尚上山打马草，小和尚就支使桂芳和尚去。冬天哪有马草？桂芳和尚干脆就躺在山坡上晒太阳，每天都去这个地方躺着，几天过后，他躺着的地方真长出了一片青草。桂芳和尚把青草打回去了，小和尚一看，才知道桂芳和尚道行很深，再不敢轻视他。

六处香界寺的住持见桂芳和尚有些功夫，就让他建个新寺。桂芳和尚就来到了现在的七处宝珠洞，他到了七处这块山上平台，根本没修寺，而是用手指在坚硬的壁上抠石头，日复一日，不知抠了多少年，有人说抠了整整40年，桂芳和尚在这里抠出了一个山洞。这山洞就是现在的宝珠洞，现在人们看到宝珠洞就是桂芳和尚抠的。后来有一次地震，好多寺庙都不同程度地坍塌了，只有宝珠洞的桂芳和尚，闭目养神，依旧修炼，当地人管他叫鬼王。

叫桂芳和尚鬼王，是说桂芳和尚能拘鬼。听老人说，人死以后，请和尚念诵真经，和尚捧一宝镜，念着念着，就能把死者的灵魂念到镜里，人从镜里可以看到死者生前的形象，这就叫拘鬼。能拘鬼的和尚并不多。清代有一个皇上的闺女死了，皇上日夜思念，闷闷不乐，积郁成疾。御医诊治，毫无效应，于是贴出皇榜："谁要能把公主拘活，就给予重赏。"桂芳和尚看到皇榜说："我只能拘活三个时辰，多了不成。我也不要重赏，我死后把我安葬在我抠的山洞里，也就满足了。"大臣禀报皇上，皇上说可以。桂芳和尚设坛摆祭，手捧宝镜，念《地藏菩萨本愿经》，念了七天七夜，公主的灵魂果然来了，生前的面貌形象，都出现在镜里。皇上见到公主，心里一高兴，闷气一出病也就好了，还和公主说了很多知心话。说着说着，时辰已到，公主不见了，桂芳和尚也死了。皇上金口玉言，因桂芳和尚能拘鬼，不能让公主再生，于是封桂芳和尚为鬼王。在他坐化的山洞里，供奉他的肉胎，但只许他看地，不准他看天。宝珠洞在翠微山山顶，坐在洞口，整个石景山区村落田野，看得清清楚楚。平视远方，昆明湖、玉泉山、北京城都能映入眼帘。若是晴空朗日，北海白塔，都城九门三殿也隐约可识。皇上不让鬼王看"天"，"天"指的是都城皇宫。怎样才能不让鬼王看天？皇上便命人在洞口外修一殿堂，供奉观音，挡住鬼王的视线。现在的观音殿为什么离洞口那么近，进出不方便呢？只让鬼王面壁看地而不准看"天"。

有人不相信洞里坐像是鬼王和尚的肉胎，想试一试真假。传说有个年轻人曾经从坐像上抠一小块下来，用火烧以辨真假，若是肉胎会发出烤肉的腥味，若不是肉胎，发出的是烧纸烧布烧木头的味道。这个年轻人一烧果然发出肉腥味，从此才确信真是肉胎。

宝珠洞修殿堂以后，供奉鬼王，香火日盛，寺庙不断扩建整修。寺前有一座牌坊迎门而立，外额题"欢喜地"，内额题"坚固林"，据说是乾隆皇帝御笔。牌坊西还恭立乾隆十三年御制诗刻石，刻文大部剥落，头两句是"极顶何来洞穴深？仙风吹送八琅音"，诗后落款"乾隆戊辰"，还有部分字体不能辨认。观音殿前有眺望亭，凭栏远眺，景色宜人。鬼王像前没有供桌，上有玻璃匣，内装巾履，巾是黄缎，鞋是红缎做成，鞋头绣有黑云，鞋后跟有破处。传说这是鬼王生前练功时的穿戴。

现在，宝珠洞里的鬼王坐像已无存，可鬼王的传说，在附近农村中还广泛流传。现在洞里有一尊玉雕的老人坐像，高约八十厘米，身穿僧衣，没有戴帽，据说是按原鬼王坐像模样雕刻而成。

讲述人：**陈文林　屈　丽**
整理人：**吕品生　杨金凤**

六

绝顶

◎ 宝珠洞前观景台 ◎

传说有一年，皇帝带着妃子到宝珠洞游玩，一行人从宝珠洞的南门沿着盘山曲径往上走，就来到了高高的山顶。往这儿一站，居高临下，远眺京城，尽收眼底。往东看，千年古都红墙绿瓦；往西看，高山峻岭重叠；往南看，永定河水蜿蜒；往北看，昆明湖如明镜一方。皇帝来了雅兴，叫人取出笔墨，他要居高画玉泉山塔。皇帝等了半天，也没见人拿出笔墨来。奇怪了，明明是带着笔墨出来的呀。一行人找来找去，把皇帝也等烦了，也没了画玉泉山塔的兴致了，起身就要下山。正在此时，有人发现路边有笔墨，大伙儿就让皇帝消消气接着画。皇帝站在山顶远眺皇城，不禁思量起来：这皇城选的地方怎么就这么好呢？东有大海、南有长河、西倚太行、北据长城……可谓是观赏虎踞龙盘之地的绝妙之处啊！想到这儿，铺上纸，挥毫留下了"绝顶"二字。后来人们觉得这是皇帝远眺后留下的字，就改成绝顶远眺了。皇帝还在这里登高写下三首诗，其中一首是："极顶何来洞穴深，仙风吹送八琅音。个中疑有天龙护，时作人间六月霖。"

搜集整理：**杨金凤**

乾隆和金鱼

二处灵光寺始建于唐大历年间，灵光寺有个招仙塔，后来重建，名为佛牙舍利塔，是世界闻名的佛牙塔。

灵光寺的南院有一个美丽的金鱼池，池中点缀着高雅的睡莲。一座汉白玉石桥把池水分成两半，桥下石雕的龙口吐着清泉。池边峭壁耸立，怪木丛生。碧绿的水面映照着山影，别有一番情趣。珍贵的黄金鲤鱼，在水中忽沉忽浮，忽隐忽现。忽而群出争食，忽而受惊遣散，阳光下金鳞闪闪，给人以扑朔迷离之感。然而，谁会想到这些鱼还有一番来历呢？

相传乾隆皇帝曾经六次下江南，他不仅迷恋江南的景色，并且每次都要带一些南国的特产回到北方。一次乾隆又来到西湖的"花港观鱼"，这日，天气晴朗，微风习

◎ 灵光寺佛牙舍利塔 ◎

习，盈盈的湖水清波荡漾，轻轻拍打岸边，水里各色鱼儿游来蹿去，千姿百态。乾隆看得入了神，对随从太监说："这里景致多美，我们就在这赏鱼吧！"说罢命随从太监拿来鱼食，试着投下一把。霎时一群鱼围拢过来，争着去抢鱼食，一连投了几次全被鱼儿抢光了。乾隆又弯下身，伸手就能碰到鱼，眼看就要捉住了，但顽皮的鱼又摇着尾巴溜掉了。乾隆越玩兴致越浓，忽然一个念头油然而生："要是能把这鱼带回北京去该有多好啊！"然而要把南方的鱼活生生地运到北京安家落户，也不那么容易。一个太监说："我们不如用船运，这里和桑干河水连

接，桑干河水又一直通往北京西山脚下，我们可以把西山的水运到这里，让鱼适应然后运回西山。那里风景优美，山青水绿，也正是鱼生长繁殖的好地方。皇上有兴致到西山游玩时，又可以赏鱼，这不是两全其美吗？"乾隆听了十分高兴，连声称好说："就依你的意思办。"于是太监命地方官献来好几条大船和几十个大木桶，组成了一支浩浩荡荡的船队，向尸陀林方向驶去，船行数日，终于来到西山脚下，将西山的水装满了带来的大木桶，又向西湖返回。到了西湖，他们选了最名贵的鱼，有红的，黑的，黄的，花的，最大的有二尺多长，一条条被放进几个桶里，还在其他桶里备水以便沿途换水用。几百条鱼就这样装上了船，一路上不知经历了多少风险，不知换了多少次水，才把鱼安全运到北京。乾隆命人在二处的灵光寺修了金鱼池，鱼儿喜得佛门水，活得更加健壮，在这里世世代代繁殖下去。

据说1947年，这里曾遭受一次洪水，险些把鱼全部冲走，幸亏被人拾了几条活的回来。

搜集整理：**杨金凤**

八

慈禧和金鱼

版本一　慈禧御赐耳钳子

　　一到了夏天，慈禧就不在紫禁城里住了，带着大队人马住到避暑的地方颐和园。慈禧是个闲不住的人，住在颐和园里想着招儿地玩儿，这天实在是玩腻烦了，就跟李莲英说，到外头走走。上哪儿呢？西山八大处有招仙塔，李莲英提议要不去那里转转？慈禧一听，也好，李莲英赶紧招呼上上下下伺候慈禧起驾。

◎ 灵光寺鸽子 ◎

　　慈禧到了灵光寺四处转悠，看到遍地的鸽子向她围拢而来。慈禧大喜，兴冲冲问寺里的方丈这里有什么可看的，方丈说水池里还有金鱼，长得比一般的个儿大。慈禧一听，说那就看看去吧。慈禧到了金鱼池边，走得也累了，就坐在亭子里喝水歇脚，正喝着水，突然一条金鱼莫名其妙地蹦出了池子。方丈和随行的人吓得够呛，以为吓着慈禧了，她要大发脾气呢，没想到慈禧笑着对金鱼说："你也要朝拜我呀？你还知道谁大谁小啊？得，今儿我就赏赐赏赐你这懂事儿的鱼。"说罢，慈禧浑身上下摸了摸，好像也没摸出什么能赏赐的东西，灵机一动，就把自己的耳钳子摘下来，让太监给鱼戴上。太监问慈禧："老佛爷，把这金鱼带回宫去？"慈禧摇了摇头，指着水点了点，太监明白了老佛爷的意思，说了句"下去吧你"，就把金鱼放回水里了。

讲述人：杨儒有

整理人：杨金凤

版本二　慈禧御赐金耳环

西山八大处有一座灵光寺，殿宇重重。幽静秀雅的院落中，名花异草芬芳斗艳，金鱼池内，清水粼粼，数百尾名贵的金鱼在池中游弋。咸丰初年，这里就养殖这种名贵的金鱼了。相传，慈禧太后还来金鱼池观景哪。那年九月，慈禧太后乘着轿子，上了八百多个台阶，来到了灵光寺。那天，慈禧游兴特别高，来到灵光寺西院的峭壁后边，只见清澈的泉水从上而下，像一道水帘挡住了峭壁后面的怪石，再经过一个石雕的龙口喷吐出来，泉水银光闪耀，不断地注入金鱼池里。慈禧听着泉声，看着树上的倒影映在远处的水面上，兴致来了，就走到鱼池边上看水里的荷花，绿叶红莲煞是招人喜爱。慈禧微微弯下腰赏荷，忽见几条大红的金鱼从绿荷叶上游过，再定睛一看，各种颜色的金鱼穿梭往来，似乎是知道慈禧跟一般赏鱼的人不一样。

慈禧大悦，即令太监："我哪儿也不去了，这些鱼好像都认识我似的呢。"太监一

◎ 金鱼池水心亭 ◎

非物质文化遗产丛书
Intangible Cultural Heritage Series

西山八大处传说

108

听，赶紧叫人："快去，拿些鱼食来！"说罢，有人用瓷盘捧上鱼食，慈禧也不接鱼食盘子，只见她轻抬双手，轻轻一击掌，鱼就开始游拢过来。等鱼游拢过来以后，慈禧才从盘子里拈了鱼食，轻轻抬起右臂，在空中画了半个圆，一点点把鱼食撒了出去。慈禧这一撒不要紧，全鱼池的大鱼小鱼全都凑到慈禧跟前来。这些鱼里头有一个领头的大红鱼，三尺来长的，就见它在慈禧跟前上下跳跃，摇头摆尾，如同带着整个鱼池的鱼给慈禧表演一样。慈禧一见，可是乐坏了，立刻命令太监取出笔墨，为灵光寺题字，还封了那会跳舞的金鱼为神鱼。

且说这慈禧手里的毛笔还没放下，那被赐封为神鱼的大红鱼竟然冲着慈禧伸出头，摇晃起来，慈禧更乐了，笑声不止，当即摘下耳朵上的赤金耳环，赏赐给金鱼。只见太监把大红金鱼捞上来，把慈禧的金耳环挂在金鱼的鱼鳃两边各一个，又把金鱼放回鱼池。

顷刻间，整个鱼池泛起金辉，那只戴着金耳环的大红鱼游到哪儿，哪儿的水就金光闪闪，整个鱼池七彩流光，数百条金鱼在池中上下跃动。在场的太监和宫中随从以及寺里的人，都被这一情景惊得目瞪口呆，好久，人们才清醒过来。灵光寺的和尚们视这条金鱼为神鱼，将它供为佛门一宝，千方百计加以保护。据说曾经有人给金鱼写过一首诗："散布林泉雨后天，又来古寺赏池莲。金鱼幸得佛门水，永免网羁幸善缘。"

来源：《石景山地名志》

整理人：杨金凤

版本三　慈禧八大处赏鱼

八大处二处灵光寺有个金鱼池，金鱼池里有一条戴着金耳环的金鱼。

老佛爷慈禧，垂帘听政之余就是游山玩水，西山一带是她常来的。话说这年的八月，慈禧在灵光寺下了轿子，问李莲英："小李子，这香

西山八大处传说

味从哪儿来？"

总管太监李莲英急忙躬身上前："老佛爷，这十二月花名歌里不是说，五月栀子心里黄，六月莲花满池塘，七月菱角牵藤长，八月桂花满园香嘛。时下正是八月桂花飘香的时候呀。"

慈禧就循着花香来到了灵光寺西院，只见这西院的西边是一面峭壁，泉水从几十米高的地方，瀑布一样流下来，不偏不倚正好掉到下边池子里一个张着的龙嘴里。她再细心一瞧，龙眼睛里往外喷着两股银泉，这泉水喷射到水池里，池里的金鱼撞得绿色的荷叶摇摇晃晃。慈禧一见这景致，心花怒放，缓步走到观鱼亭，停留在亭廊之上。

◎ 金鱼池 ◎

慈禧说："小李子，你看我在这景致里，这不就入画了吗？"

这时，早有太监拿来了鱼食，慈禧兴致正高，合掌轻击，随后取些鱼食，投到鱼池，立刻，一群金鱼从四面游拢而来。说也奇怪，只见这成群的鱼都把头露出水面，鳞光闪动，给慈禧表演，喜得慈禧大笑不止。

常言说，鲤鱼往上游，鲫鱼往下游。这也没什么稀奇的，可李莲英却凑到慈禧跟前说："老佛爷，这鱼可是龙种啊，他们结队从水晶宫里游出来，是专门来朝拜您的呀！"

慈禧站在水心亭，慢慢弯下身子，冲着鱼池里的鱼群说："你们哪个是领头的？"

只见其中一条二尺多长的红中带金，金中带红的大鱼，直冲着慈禧游来，在慈禧跟前，又是上蹿下跳，又是摇头摆尾，逗得慈禧说道："小李子，你瞧这鱼啊，通灵性呢。快拿纸笔来。"

李莲英一听，就知道老佛爷又要赐名了，赶紧备好了笔墨纸砚，只见老佛爷玉手一挥，四个墨字就落在了白纸上，你猜那上面写的什么呀？"金鱼皇后！"随行的人一个劲儿叫好，慈禧兴致不减，又写了"灵光寺"三个字。

这李莲英一肚子鬼主意，专会讨好慈禧，就像老鼠给老猫捋胡子——拼命巴结。只见他上前接下老佛爷手中的笔，对慈禧说："老佛爷，不但受万民之敬，连万物也三拜九叩呢。"

众随从应和："是呀，是呀。鲤鱼在老佛爷跟前跳龙门，不是成仙就是成神。"

李莲英又说："这里的鱼原来是黄的、红的，怎么老佛爷一来，他们都穿上彩儿出来了？瞧瞧，瞧瞧，那大鱼身上怎么还披了金了呢？"

众人你一言我一语，捧得慈禧得意之极，竟然摘下了自己戴着的赤金耳环，非让李莲英给金鱼皇后戴上不可。

老佛爷指令，李莲英哪儿敢怠慢啊，忙喊人找来了一把捞鱼的罩子。只见李莲英哈着腰，撅着屁股，东一下西一下地在水里拼命捞，累得满头大汗，浑身上下还沾满了泥土，坐在亭廊里的慈禧被李莲英的狼狈样儿引逗得前仰后合。最后，一个小太监实在是看李莲英捞不上鱼，要过鱼捞子把鱼网住，李莲英不顾满身泥水，赶紧兜着网里的鱼给慈禧送到跟前。慈禧看了看鱼，用食指轻轻弹了两下，一挥手。李莲英明白慈禧这是让他给鱼戴耳环，于是让小太监掐着鱼，他自己费力地把耳环一左一右给金鱼戴在了双鳃上，小太监紧跑两步，赶快把鱼放回水里。哪知这鱼入水后，比刚才跳得更欢实了，金耳环在鱼鳃上金光闪闪，照得水面晃金光，其他鱼都跟在金鱼皇后身后，一会儿一同跃出水面，一会儿一同钻入水中，弄得整个鱼池五彩生辉，慈禧与众臣也被这奇观惊得目瞪口呆。

搜集整理：**杨金凤**

九

李莲英斗安德海

李莲英在宫里那是没人敢惹的，有一天突然来了一个不怕李莲英的人。这人是谁呀？安德海！安德海进宫没多久，就占了李莲英的上风。

传说，一次李莲英跟慈禧到民间游玩，看上了一个民间女子，李莲英就琢磨着把这女子娶回来，哪知他聘礼也下了，宫里不少人也知道了，突然有他的心腹来报，说那民间女子让安德海给抢去了。李莲英吃了哑巴亏，憋着有一天能报这仇。

不久，慈禧病了，据说是让人给气病的。谁气的？还是安德海。慈禧是听说民间疯传着一个消息，说宫中有个假太监，姓安。慈禧想，这不等于是骂她慈禧祸乱后宫吗？可这事儿又不能张扬，她心里压着一股子火儿。

过了一阵子，慈禧心情好点了，要到灵光寺的金鱼池放生，吩咐安德海准备些放生的鱼呀，鸟啊的。安德海哪儿愿意干这零碎的事儿啊，

◎ 雪后灵光寺 ◎

就支使了个小太监替他去操办，而这小太监以前是跟过李莲英的，而且跟李莲英关系特别好。李莲英跟小太监说："你去吧，就按照安德海说的办。不过别告诉他我知道这事儿。"

小太监走后，李莲英可没闲着，他精心准备了活鱼、活鸟。

到了放生这天，一队人马来到了西山灵光寺。慈禧在水心亭坐稳后说："安德海，东西都带来了吗？"

安德海说："老佛爷放心，都齐了。"

慈禧说："开始吧！"

安德海令人把带来的鱼放生到水里，鱼很快就消失在莲荷之中了。安德海又放鸟，笼子一打开，一群鸟离开笼子就飞上蓝天，飞进树林，眨眼就不见了。

安德海暗暗得意。他观察慈禧，见慈禧也是一脸的笑意，知道今天自己的事儿办得让慈禧满意了。

这时，李莲英走到慈禧跟前："老佛爷，我看您好像是没看够啊，我也带了两样东西，您看……"

慈禧一听，还有啊，就说："既然你有这心都带来了，那就放了吧。"

李莲英没有马上放生，他先是请来了灵光寺的僧人，念了一通经，然后把带来的鸟笼子举过自己的头顶，举到慈禧面前，慈禧就亲手打开了鸟笼子。只见这鸟也是呼啦一下子都飞走了，可是在金鱼池上空转了一圈又都飞进了鸟笼子。安德海一见，心里可美了，站在一边幸灾乐祸，等着看好戏等着瞧李莲英挨骂呢。慈禧也拉下了脸。谁知道李莲英坦然地凑到慈禧跟前说："老佛爷，您的恩德布及万物，不管是天上飞的还是水里游的，它们都感恩您呢。我说了您也不信，您不信可以看看这些鸟啊，它们都不愿意离

◎ 慈禧金鱼池赏鱼（关效英、张嘉勋绘图）◎

开您啊，离开了您，谁知道将来跟了什么主子呢？笼中鸟不离不弃，这可是祥瑞之兆啊！"

就这么几句蒙人的话，竟然让慈禧的脸上有了喜色。安德海可知道李莲英拍马屁的招数，就说："你说老佛爷泽被万物，正好那边还有几桶鲤鱼，要不也让老佛爷放了？"

安德海是想，你李莲英把鸟驯化了，跑来糊弄老佛爷，她竟然还信了你的鬼话，这些鱼你可是驯服不了，要是一会儿老佛爷看到鱼游走了，那就说明老佛爷恩德不泽被万物，我看你到时候怎么说，你小子就等着自己打自己嘴巴子吧。

慈禧心想，天下有驯鸟的、驯兽的，可没听说过有驯鱼的，看这次小李子怎么圆。没想到李莲英说："就请老佛爷把这些鲤鱼放入湖中，以测天心！"

慈禧下令把桶里的鱼都倒进了水里，所有人都睁大了眼睛看着。说也就奇怪了，那些鱼跟鸟一样，在水里游了一圈，竟然一条挨着一条地又都游回到岸边，聚集在慈禧跟前。只见这些鱼排成一溜儿，鱼头都冲着慈禧伸出水面，整整齐齐，像朝着慈禧朝拜一样。

在场的人都看傻了，安德海更是疑惑，连慈禧也惊呆了。李莲英见时候到了，随即跪在慈禧面前讨赏："老佛爷，您乐了，奴才心里好受点儿。"

慈禧此时看着跪在跟前的李莲英，心生怜悯，轻轻地说："你也累了，起吧。"而后长叹一声说："这世间，还就你知道我这心里是怎么想的啊，别人，都差远了。"

一边站着的安德海心里不是滋味，他明白，这场较量，李莲英赢了。

搜集整理：**杨金凤**

乾隆圆情香界寺

版本一

相传，香妃的传说就发生在香界寺，一年夏天，乾隆皇帝到香界寺避暑，寺里的桂芳和尚到行宫接驾。品茶之中，桂芳和尚发现皇上龙体消瘦，龙颜不展，不禁心中暗惊，就寻机向乾隆的贴身太监探询，那太监跟桂芳和尚交往甚密，就告诉了桂芳和尚实情。

原来香妃死后，乾隆十分悲伤，日思夜想，连梦里都不停自语："香妃啊，朕愿与你在梦中相见，以了此愿。"桂芳和尚听完后，沉思了一会儿，接着开始闭目诵经，一卷经文诵罢，已是皓月当空。趁着月光，桂芳和尚来到行宫，只见皇上独对青灯，手拿香妃生前的饰物闷闷看着，见桂芳和尚深夜来访，便问他有何事。桂芳和尚说："圣上心事，贫僧也略知一二，愿招香妃之魂与圣上相见。"皇帝大喜，对桂芳和尚说："只要你能让朕与香妃一见，了却朕的心愿，日后必拨重金修缮宝寺。"皇帝嘴里这么说，但心里还是对桂芳和尚的本事有点怀疑。

◎ 香界寺山门 ◎

只见桂芳和尚找人抬来一面很大的宝镜，放在大殿的正中央，那宝镜高一丈五尺，宽约六尺，镜框上用金银珠宝镶嵌着精细的花纹，人的一举一动都能从宝镜里映射出来。桂芳和尚从藏经楼取出还魂的真经，点灯焚香。一时间，大殿之上香烟缭绕，宝镜生辉，桂芳和尚轻声叮嘱乾隆，待到子时沐浴后静坐远观，千万不可近前，待香妃诉说心愿后，皇上可再起身相送。

　　一切准备停当，桂芳和尚盘膝而坐，闭目诵经。深夜子时，乾隆渐渐进入了梦乡，梦里隐隐约约有音乐之声，竟是那香妃生前最爱听的维吾尔族音乐。突然，音乐戛然，宝镜放出一道光芒，把整个大殿照得雪亮，只见镜中一女子向自己飘然走来，一股奇香，阵阵袭来，沁人心脾，正是香妃。只听香妃说道："圣上驾临，臣妾万感之至，唯有一语相告。"皇上听到香妃的声音，急奔过去拉住香妃的玉手说："朕日日想念你呢！"眼泪便如潮水涌出。皇上一心想着香妃，将刚才桂芳和尚的话早忘到了脑后。这时，只听金石迸裂般一声巨响，那宝镜碎裂成粉，霎时，香妃的身影不见了，大殿之内似有音乐在飘荡，隐隐听到"悠悠情，依依息。歌短促，明月缺。念皇恩，思乡切。一缕香魂两相携。香魂西飞回故土，不忘皇恩浴西蕃"。那音乐消失了，东方透出微曦，乾隆从梦中惊醒，见那铜镜确实碎裂成粉，那歌词与音乐还记忆犹新。乾隆一想，这分明是香妃最后说的话，意思是送她回故乡啊！

　　回宫以后，乾隆即命人护送香妃遗体回故乡，埋葬在喀什。乾隆了却了香妃的遗愿之后，精神一天天好起来，并御赐重金修缮了香界宝寺，封桂芳和尚为鬼王和尚。乾隆皇帝还特意从很遥远的地方找人移来一棵七叶树种在香界寺，意思是该寺以后受皇恩庇护。

　　如今的香界寺寺院分左中右三路，共五进院落。大雄宝殿前有高约十米的七叶树两棵，明代玉兰一株，均为珍稀植物。左路为行宫院，是清代乾隆皇帝的避暑行宫，院内有不少名贵花木。前人有诗写道："爱花不忍离花去，坐守花前日已斜。"

搜集整理：王金兰　于长林

版本二

传说香妃死后，乾隆重病，吃什么药都不见效。乾隆身边的贴身太监明白乾隆的心思，想着解铃还须系铃人，就劝说乾隆到西山八大处香界寺住一阵，因为这里是乾隆和香妃经常住的地方，或许这里的桂芳和尚有办法救乾隆一命。

乾隆在香界寺住下后，命随从买来了新疆杏干、大枣、葡萄干等果品，摆放在香妃的遗像前面。乾隆老泪纵横，每天不停地在香妃像前念叨："你离去的时候，朕不在你身边。朕知人死不能相见，若能再见一面，朕也就死而无憾了。"

乾隆的贴身太监就把乾隆的病情告诉了香界寺的老和尚桂芳："您发发慈悲吧，救救皇上。"

◎ 香界寺鼓楼 ◎

桂芳和尚说："这样吧，晚上我送你一面大铜镜，你放皇上屋里，大铜镜是蒙着布的，千万不能打开。你让皇帝二更时，坐在铜镜跟前，闭目静息，如他诚意要见香妃，定能如愿。但你一定要告诉他，不论发生什么事情，不能把蒙着铜镜的布拿下来。"

到了晚上，乾隆按照桂芳和尚说的，坐在铜镜一米远的地方，闭目静息，耐心等待。乾隆渐渐入定，忽然闻到一股股的新疆沙枣花的甜香味儿飘进屋里，乾隆太熟悉这味道了，只有香妃身上才有。于是他一激动，就睁开了眼，只见镜子上刚才蒙着的布飘落到地上，乾隆急不可待，往镜子里看去，这一看不得了，差点把乾隆的魂儿吓飞了，只见镜子里有两个香妃，一个是穿着宫服的香妃，一个是浑身缠裹着白布，只露出一张脸的香妃。乾隆问："你们哪个才是香妃？"只见那个浑身缠裹着白布的香妃从镜子里冲出来，一瞬间，乾隆吓得晕死过去。

◎ 香妃魂飘香界寺（关效英、张嘉励绘图）◎

外边太监听到动静，赶紧进屋，一看，铜镜已经倒地，铜镜上的布也落在了地上，乾隆也倒在了地上。太监赶紧喊人，桂芳和尚赶来，熬制草药，救醒乾隆。

乾隆醒来以后，桂芳和尚细问刚才情形，乾隆不得不说了实话。乾隆说，香妃过世以后，他想把香妃的尸骨送回喀什安葬，可这有悖于祖宗家法，按规定，清代的后妃只能葬于皇家的东陵后妃园陵中，绝不准移送回原籍的。乾隆没了办法，后来有高人给他出了个主意，就是再造一个香妃。

于是乾隆招来全国最好的雕工匠，仿照香妃生前的体型相貌，造了一个假香妃，然后把这个木头的假香妃全身上下都裹上了白布，只留出脸，竟然蒙混了很多人，随后，乾隆命人把那假的遗体送回喀什安葬，而真的遗体就葬进了皇陵。

桂芳和尚一听，说难怪真假尸体都来找您，那香妃真的是对您痴情，能从新疆那么远的地方来跟您相会，虽然那只是个木头的。而埋进您家祖坟的香妃，不顾您家祖上的阻拦来和您相会，也是难得啊！这样看来，香妃是一直陪伴着您的，您何苦这样日日忧虑，您这是对不起她呀。

乾隆一听桂芳和尚这么说，似乎也明白了其中的道理，香妃这次来与他相见，一定是希望他好好活着。自此，乾隆的病一天天好起来，他感谢桂芳和尚的开导，经常来和桂芳和尚一起饮茶聊天。

搜集整理：**杨金凤**

紫葫芦的秘密

明代有个大太监叫刘瑾，被人们称为"立地皇帝"和"九千岁"。刘瑾收敛了很多钱财，还梦想着有一天能当上皇帝。他干的缺德事儿太多了，朝中有个姓张的大学士就看不下去了，就跟其他人议论，还联络了一些大臣搜集了刘瑾的罪状，想除掉刘瑾这祸根。

谁知这消息让刘瑾知道了，刘瑾大惊失色，他先下手为强，半夜跑到皇帝面前一把鼻涕一把泪地哭诉自己多么忠于皇上。经他这一闹腾，皇帝不仅没惩罚刘瑾，还给他升官了，连司礼监、东厂、西厂都让刘瑾一伙儿人掌管了。

司礼监那可是个掌权的官差，除了有一个掌印太监，还有八九个秉笔太监。那时候，群臣百官向皇帝上书，奏折要先送内阁，由内阁辅臣先看完了再交给皇帝批阅。

一连几天，皇帝收到的都是弹劾张大学士的奏章，这可把皇帝惹火了，皇帝如今被刘瑾哄弄着就知道到后宫享受了，没心思批红，就让刘瑾代笔。刘瑾终于达到了自己的目的，就批文让把这张大学士拉出去凌迟。刘瑾专横跋扈，有人知道这里面一定有阴谋，可也奈何不得。有个跟张大学士有忘年之交的小太监，偷偷告诉了张学士，还安排了拉水车，让张学士冒充车夫，逃出了皇宫。

其他没来得及逃走的人，被刘瑾冠以谋反的罪名，拉去受刑。刘瑾令人把大臣、学士们衣服全脱了，让锦衣卫使劲打，有的被当场打死，也有的被刘瑾上了酷刑，刘瑾特意造了一种一百五十斤重的大枷锁，让受迫害的大臣、学士们戴上，没几天那些人就全被拖累死了。

话说这张学士逃出皇宫后，就隐居在翠微山灵光寺里，烧香念佛。到了夏天，张学士白天就到灵光寺的南边山坡上种葫芦，晚上在灵光寺招仙塔下诵经，想等皇帝到西山来消夏或者赏秋的时候，寻找机会说出

◎ 灵光寺香炉 ◎

刘瑾的罪行。

十几年后，张学士在翠微山上养得一副仙风道骨，把葫芦种得千姿百态，其中有一种葫芦是紫色的，这紫葫芦是人们没见过的。张学士十几年就种这紫葫芦，是有用意的。他把要告刘瑾的罪行写在一个木头的模子上，葫芦很小的时候，就把这写着字的模子套在葫芦上，等葫芦长大了，这字就长在葫芦上了。等秋天葫芦老了，摘下了，把葫芦外面的模子去了，葫芦上就印上了事先写好的字。

张学士茶不思饭不食，就琢磨紫葫芦。等到了冬天，他就躲在山里，用香熏葫芦，紫葫芦长期用香熏，自然就有了一股香气，这香气是皇帝唯一用的一种香。张学士做好了自己想要的葫芦，就打扮一番，每天到皇帝来西山八大处必经之处等。夏天到了，皇帝来消夏，身边跟着刘瑾；秋天过去了，皇帝来赏红叶，身边跟着刘瑾；冬天过去了，皇帝来看雪，身边还跟着刘瑾。张学士就这么一天天地等着机会。

后来张学士想，我干吗非要等皇帝呢，其他人也行啊。第二年春天，张学士就盯上了来西山灵光寺礼佛的一个娘娘。这娘娘在西山先扫墓，然后上山礼佛，晚上就住在了翠微山的大悲寺。

等到娘娘到灵光寺上香的时候，张学士就在庙门外扫地，娘娘打这张学士身边一过，立即就闻到了只有皇帝身上才有的那种香味。娘娘停下脚步问张学士："你身上带着香呢？是什么香？"

张学士从腰间解下紫葫芦："我没带香，是这葫芦的香气。"

娘娘眼睛一亮，她长这么大，只知道葫芦是绿皮子，怎么还有紫皮子的葫芦呢？娘娘接过葫芦，看了又看，只见葫芦上还长着梅花，她更新奇了，只见过葫芦上人家画上过梅花，没见过这梅花能自己长到葫芦上去的。

娘娘问："这物件是哪里来的？"

张学士说："是我自己种的，您若是喜欢，就拿去好了。"

娘娘抬头看了看张学士，如今的张学士，已经是头发、胡子全白了，帽子拉得低低的，遮着半个脸，娘娘自然认不出这就是过去宫里大名鼎鼎的张学士。

娘娘说："我就不推辞了。"

娘娘从灵光寺礼完佛，又住了几天就回皇宫了。到了宫里，娘娘赶紧把这稀世珍宝送给了皇帝，这皇帝喜欢得不得了，天天抓

◎ 八大处福禄葫芦 ◎

在手里玩，等玩了大半年以后，紫葫芦上的梅花渐渐磨去了，紫葫芦皮上露出一行行小字。皇帝仔细一看，写的全是刘瑾图谋篡权的事儿。皇帝就去问娘娘，这紫葫芦是谁给的，娘娘说是西山灵光寺的一个高人，皇帝一听，浑身就打起了寒战："这是有高人救我啊！看来这刘瑾确有篡权夺位之心啊。"

皇帝下令秘密去抄了刘瑾的家，结果抄出刘瑾私刻的皇帝的玉玺，还有万贯家财。后来皇帝下令，把刘瑾拉出去凌迟了。据说凌迟刘瑾那天，所有被刘瑾残害过的人的家里人都去观刑了，其中还有个仙风道骨的道士，人们说那就是张学士。

搜集整理：**杨金凤**

一块圣碑

香界寺的大雄宝殿前立着两座大石碑，这两座碑一块旧的阳面刻着《御制圣感寺碑文》，阴面刻着《御制香界寺碑文》；另一块碑是"敬佛碑"，碑的阳面刻的是"大悲菩萨自传真像"，碑的阴面刻的康熙手书的两个大字"敬佛"，碑的侧面还刻着嘉庆皇帝的一首诗："省耕清跸旋，观河咏时迈。乘黄跻崇岗，路便游香界。只祈旸雨谐，不谈宗律派。廿里至静宜，胜境如图画。欣逢农务佳，倍觉诗思快。敕政兼诘戎，万几曷敢懈。"落款是"丙子季春游香界寺至静宜园作"。

◎ 大悲菩萨自传真像 ◎

为什么嘉庆皇帝要在这里刻字呢？传说这敬佛的石碑是康熙皇帝为他早逝的母亲立的，他母亲生前不被顺治所宠，整日以泪洗面，二十多岁就抑郁而死。康熙小的时候，也没办法给他母亲大搞祭奠，因为顺治根本不让他提生母。等到康熙皇帝大点儿的时候，经常陪着顺治到京西一带山里游玩，一次跟顺治到翠微山来赏春，发现这地方山清水秀，泉水喷涌，就留了心思。后来康熙继位，就在这里给他母亲立了一个敬佛碑，是想着自己不能时常在这里给已经死去的母亲上香安魂，不如建个功德碑。后来嘉庆皇帝也来这里踏春郊游，看到碑的阴面、阳面都有了字，就在碑的侧面写下了自己的诗，两代皇帝共同在一块石碑上留下字迹。

讲述人：屈　丽

整理人：杨金凤

灵感和普化

从前，西山八大处香火很盛，方圆上百里地的人都到这里来烧香。是因为认为这里有神物，这神物说的是证果寺的两条神龙。这两条龙跟其他的龙不一样，一般人们把龙都叫白龙、青龙、黑龙等，可八大处证果寺这两条龙神了，都有名字，一条龙叫"灵感"，另外一条龙叫"普化"。这两条龙的名字是谁给起的呢？

传说这年夏天，乾隆皇帝又来西山八大处游玩，经过溪水流淌的泉眼，一行人从山下往证果寺走来，在证果寺山门的东边有一个石头龙

◎ 西山八大处泉水 ◎

潭，两条青龙听到了乾隆等人有说有笑地往山上走，心想，今天皇帝高兴，看来是讨封赏的机会，于是两条青龙就从龙潭里出来了，各自现了形儿，这一现形儿可好，它们身长连一尺都不到。

这时候寺里的和尚也闻声出来接驾，看到两条青龙美滋滋地挡在路中央，就问它们："你们俩出来干吗？"两条青龙争着说："今天艳阳

高照，皇帝高兴，定会封赏我们。"

话音未落，乾隆一行已经来到跟前，和尚赶忙请两条青龙把路让开，可两条青龙就是不听，还在路中央摇头摆尾地跳上了舞，和尚这个急呀。

乾隆的随从一看，两条小蛇挡了皇上的去路，就轰它们离开，随从吼道："两条小破蛇还想给万岁爷献舞吗？快快滚开！"两条青龙一听，刚要怒，和尚一看，这可不得了，万一这两条青龙一怒，把俩随从卷到深潭里去就惹祸了。和尚赶忙扑通跪在地上禀告乾隆皇帝说："万岁，这两位是俩龙王。"

乾隆一看，什么？眼前这两条瘦了吧唧的小草蛇就是龙？于是轻蔑地一笑，说："岂有此理！我才是当朝的真龙天子，它们只不过是两条区区小虫而已，怎么配称龙王呢？"

和尚一听乾隆这么说，立刻脸色大变，惊恐不安起来，因为他知道，随从说什么难听的话，那只是皇上的随从。现在连万岁爷都这么瞧不起它们，这一定会惹火两条青龙的，不知道下边会发生什么事情。

就在这时，只见两条青龙在乾隆面前突然猛长起来，瞬间变成了两条大龙，呼啸着飞腾起来，飞到了半空，龙头落在了模式口的蟠龙山上，龙尾落在了青龙山上，首尾不见，乾隆等人只能见到青龙的一只爪子，这爪子上的每一片鳞片都闪着金光，把整个的西山天空照得万里金辉。这可把乾隆吓坏了，只见他目瞪口呆，身上不停发抖，而先前那俩让青龙滚开的随从，更是跪地求饶。

乾隆一见，这龙的爪子就挡在了路中央，抬头看，这爪子比这卢师山都高，忙问和尚如何是好。和尚说，他们本来是见万岁爷今天高兴，来讨封赏的，您看着封赏吧。

别的事儿对乾隆说可能要考虑考虑，封赏是他说了算的事儿，太好办了，于是连忙降旨，封赏大青龙为"灵感"，封赏二青龙为"普化"。

搜集整理：**杨金凤**

刘娘娘狸猫换太子

　　刘娘府在翠微山南侧、西山八大处一处长安寺边上，因村里有一座娘娘的墓地而得名。

　　京西一带，层峦叠嶂，林木葱郁，泉丰土活，明清时期，被视为殡葬的宝地。翠微山麓曾是明代官家的坟地，据说从海淀的金山到石景山区的秀府一带，曾有七十二座王公坟墓，呈半环形排列，俗称"边山七十二府"。过去，每年的元旦、清明、霜降、中元、冬至、万寿节等祭祖的日子，住在城里的皇族的后代都到翠微山麓祭祖，多的每年祭祀八次，少的每年祭祀两次，弄得山麓一带纸烟袅袅。明代举人刘余泽的

◎ 小西山 ◎

《西山道上》一诗描写道：

　　春山四望翠微开，拂面花香细细回；日暮诸陵寒色动，却疑风雨逐人来。

边山七十二府除葬有王爷、皇子皇孙外，还葬有一个刘娘娘。

刘娘娘是明代崇祯皇帝之母，相传明天启年间被选入宫中。她天生丽质，聪颖过人，琴棋书画无所不通，是远近闻名的才女。她被父母视为掌上明珠，生性傲慢。被选入宫后，自以为会被皇帝宠幸。可到了宫中，看到妃嫔如云，个个如花似玉，不要说得到皇帝的宠幸，就是见到皇帝一次都困难。刘娘娘不甘心这样的处境，下决心要夺得皇后的宝座。她于是刻意修饰自己，取悦皇帝，博得皇帝的注意，并在宫中收买许多心腹，专门探听皇帝的行踪。

渐渐地，她与皇帝的接触增多，皇帝被刘娘娘的美丽与多才多艺所倾倒。刘娘娘经常伴随在皇帝的左右，得到了皇上的恩宠。但刘娘娘并不满足，她的最终目标是皇后的宝座。宫中若是哪位嫔妃与皇上接触多些，她得知后，总是千方百计在皇帝面前进谗言，加害她们。

一天，刘娘娘听到心腹太监密报李妃身怀六甲，不禁妒火中烧。她想，李妃若是生个男孩儿，必定要被立为皇后，那我就永远低她一等。于是她找到心腹太监郭怀，密谋陷害李妃。皇帝得知李妃怀孕，对李妃十分关心，经常派人送去一些营养丰富的食品补养。眼看李妃接近产期，刘娘娘如坐针毡，突然郭怀密奏，说边关频频告急，皇帝欲率兵出征。刘娘娘暗自庆幸，陷害李妃的时机到了。

刘娘娘当着皇帝的面佯装十分关心李妃，常常探望并送东西给李妃，与她情同姐妹，李妃很是感激。皇帝看她们如此姐妹情深，也就放心地出征了，把照顾李妃的重任交给了刘娘娘。

皇帝走后不久，李妃果真生下一个白胖胖的男孩儿，可孩子刚一落地，还没来得及看一眼就被人抱走了。第二天，李妃从昏

◎ 虎头山下墓 ◎

迷中苏醒过来，命人把孩子抱来，打开包裹一看，是一个遍体黄毛、身后还拖着一条尾巴的怪物，李妃立刻晕了过去。

李妃生下怪胎的消息一下子传遍了宫中，李妃明明知道是遭人陷害，但无力找回孩子，越想越没有出路，就上吊自尽了。李妃生下的孩子到底哪去了呢？原来是刘娘娘施的计策。她派人用一只狸猫替换了孩子，然后在宫中放出风声，说李妃生下一个怪物。刘娘娘又命太监郭怀把孩子扔到荒郊野外，然后让郭怀把李妃生下怪物的事上奏皇帝。

太监郭怀把孩子带到荒野，却不敢扔，因为他知道这是皇帝的龙种，万一走漏了消息，他会被满门抄斩，株连九族。于是他就把孩子寄养在乡下一对无儿无女的夫妇家中，回京禀报说已将孩子扔到荒郊野外冻死了。

皇帝出征回来，刘娘娘恶人先告状，咬定是郭怀谋害李妃的，皇帝大怒，要将郭怀满门抄斩。郭怀一看自己的性命难保，就将事情的原委告诉了皇帝，皇帝赦免了他的罪行，命人把皇子接回宫中，然后厚葬了李妃，将刘娘娘打入冷宫。刘娘娘抵不住冷宫的折磨，不久就死去了。

刘娘娘死后，皇上不准她葬入皇家陵园，就把她葬在王府墓地附近。以后，人们就把此地称为刘娘府。

讲述人：**牛友全　许　静**
整理人：**杨金凤**

十五

韬光庵遇仙记

◎ 八大处僧房 ◎

传说清代有一个太监"老公公",春天时候陪着皇帝来西山八大处游春,晚上就住在了八大处。

夜里,老公公昏昏睡了,睡中忽听门响,只见房门慢悠悠开了,有个人缓步走进来,一个劲儿冲他招手,随后转身走了。

老公公急忙起来,披上衣服,跟着那个人往前走,走了没多大一会儿,眼前就看见有一个水池,这水池西边的山壁高不见顶。老公公本想停下,可自己就像让人牵着一样,身不由己地跟着那人继续走,沿着石壁一旁的险峻石阶艰难往上走,终于走到了崖顶,老公公抬眼一望,眼前是一排大殿。

老公公左找右找,却不见了刚才引路的人。他又不想就这么下去,于是到了殿门口,推开大门进去,殿内安安静静,空无一人,只有一尊菩萨雕像立于殿内。

老公公赶紧下拜,磕头念佛号。突然,菩萨开了金口,说:"你既然诚心拜佛,此殿便是为你所备,可速速转来。"

老公公受宠若惊,猛地又磕了个头,一下醒来,才知是梦。于是他披衣下床,铺纸研磨,当下就写了个奏折,把梦境里的事情讲给皇帝,并求皇帝恩准,许他隐居于此,皇帝准奏。

老公公按照梦境寻找到了他的归身之处,发现了灵光寺的水池,水池的西边是高耸的石崖,水池边上有拾级而上的台阶,老公公登到崖顶，不见有大殿，只见一个石洞，有一尊观音石像在洞里。老公公就开始凿洞，想把观音像移出来，哪知刚凿了三下，忽见一块石头，发出耀眼的明芒，上面还有山水图画，老公公从来没见过这么宝贵的石头，立刻把石头取出，把宝石献给了皇帝。皇帝念老公公献宝有功，下旨在八大处的二处修建了个"老公庙"，题匾额"韬光庵"。

来源：《北京市地名志·石景山卷》
整理人：杨金凤

西山八大处传说

吕菩萨

版本一

明正统十四年（1449年），蒙古族也先率兵骚扰边境。由于守边将士屡战失利，英宗朱祁镇御驾亲征。

吕尼闻信皇帝亲征，便不顾艰难险阻，长途跋涉在居庸关外等候圣驾。这一日，英宗率领五十万大军来到居庸关前，那前哨先锋战国公朱勇早已带领人马过了关口，突然间，由路旁跑来一个衣衫褴褛的疯婆闯过御林军，来到万岁面前跪倒，高叫："万岁爷千万不可前去！北国贼兵凶猛异常，武艺高强，善用妖术，贼首也先实难对付，请皇上回驾。"英宗听罢大怒，说道："哪里来的大胆疯婆，信口胡言，扰乱军心！"命左右拿下疯婆，关入大牢，等待灭贼之后，再行处置。

英宗继续率军北上，在塞北与也先的军队相遇。双方大战三天，明朝人马节节败退，东逃西散，五十万大军只剩下万余人马，残景不堪入目。剩余兵将不得已逃到土木堡。

再说后路军恭顺侯吴克忠与其弟吴克勤堵击来敌，虽浴血奋战，终因寡不敌众，全军溃散。成国公朱勇率师四万，在鹞儿岭遇伏，全军覆没。

三路溃军行至土木堡，因决策不果断，贻误战机，被敌合围。土木堡地小，无饮水之源，只有南面十五里处才能取到河水，但水源早已被敌人切断。明军人马饥渴，束手无策，全军大乱。敌人趁机发起攻击，北部敌军从麻峪口冲杀过来，都指挥郭懋虽苦苦奋战一夜，却仍被困在敌军的包围之中。

敌人兵力越增越多，命学士曹鼐草拟降书。这时，明军队伍大乱，将士们闻风丧胆，夺路而逃。敌人的铁骑四面冲杀，强悍勇猛，只杀得明军尸横遍野，山川阻塞。

眼观明军的惨败，英宗心寒胆战，想起疯婆的劝阻，恍然大悟，不禁对天长叹道："寡人不听疯婆之言，以至于此，实乃天意也。"这时，敌军蜂拥而至，将英宗俘虏，他身边只有太监许宁、随行大臣等四人。五十五万大军覆灭殆尽。

英宗在敌营又饥又渴，想起三军覆没，如今做了阶下囚，不禁失声痛哭。这时，忽见一老妇，左手提篮，右手提罐，上前来拜。英宗大惊，听老妇言道："老妇前来送饭，请圣上不要嫌粗糙，用以充饥。"英宗见篮中盛的是饺子，罐中是粥，君臣五人正饥渴之中，就接受了饭食。吃饱后，英宗想，这敌营，层层防守，甚是严密，连个飞鸟也难通过，就问老妇："你是何人，如何能通过敌营到此？"老妇说："我就是居庸关挡驾的疯婆呀，主上有难，我应前来相助。"英宗又说："此地无水，马匹如何能活？"老妇用手一指，英宗所骑的马马蹄下的土坑内，冒出一股泉水。英宗走近一看，那泉水喷涌而出，甘美异常，可供人马共饮。再找老妇，踪影全无。英宗急忙跪倒，望空而拜，默念："菩萨显灵，望度我君臣早脱灾难！"第二天一清早，那老妇又提篮送饭，英宗拜倒在地，扯住老妇的衣袖说："菩萨保佑，指吾迷途，不知何时能逃脱灾难，重返京师，望菩萨搭救。"老妇说道："圣上不必过虑，灾难尚未完结，当多多保重，我会暗中保护圣上，请万万不可泄露天机。"说罢，老妇便不见了。英宗只好在敌营忍受磨难，等待搭救。

一日，也先企图夜里杀掉英宗，带领武士手持利刀行至英宗的帐外，见那营帐上红光笼罩，像是一条火龙盘于帐顶。也先大惊，心中忐忑不安，反复思忖后说："明朝皇帝乃真龙天子，吾等不可轻举妄动。"自此后，每日以好酒饭食相待，并打算把妹妹嫁给英宗。

再说英宗被俘，北京城内，由英宗之弟郕王朱祁钰登基，做了皇帝，治理朝政，并改年号正统为景泰，大力组织边军，加强边防。这年任命于谦为兵部尚书，一战击退也先对京城的围攻，后又在大同北栲栲山用八百铁骑破敌数千，军威大振。后又设计诱杀叛徒喜宁，断敌内应，使敌寇内部自相瓦解，不战而败。

北国敌寇在屡战屡败的情况下，于丙子年，即景泰七年（1456年）

将英宗送回京都。英宗回京被尊为太上皇，居于南宫。这天夜里，吕尼又化为老妇进入南宫，面见英宗，并嘱咐他说："闭口藏舌，景泰帝病在旦夕，圣上不久便可重登基。"

果然，景泰八年（1457年）七月，景泰帝病危。英宗连夜召集旧部，带领徐有贞以探驾为名，夜闯东华门，进入太和殿，正赶上景泰帝驾崩，英宗鸣鼓登基，重新做了皇帝，百官朝贺。

英宗称帝后改年号为天顺。英宗感念吕尼护驾之功，封吕尼为御妹，并赐敕建皇姑寺，命名为顺天保明寺。至今寺中碑额尚存，在西黄村小学院内。

讲述人：孙培元

整理人：杨金凤

版本二

说这吕尼很小就出家修炼，一天，她忽然想起，自己落凡投胎都四十多年了，还没有度个人缘，如此下去何日是了呢？她不免悲伤烦恼起来，思量了半天，很快就做了个决定，要离开故土到其他地方去救世度人。她决定出潼关，先到汴梁，再到燕京。于是，她就拜别了邻里们，踏上了普度众生之路。她先是到了汴梁，大显神通，做了很多的善事。一天，她做了一个梦，眼前出现了"五色毫光""菩萨显见"，梦醒以后，吕尼启程前往燕京，一路上想着梦里菩萨所言，说在京西有十位高僧，有罗汉祖师，古黄村有善财童子，有七十二祖，有十二圆觉……就等着吕尼赶紧去同结良缘，普度众生呢。

吕尼一路往燕京赶，路上遇到一个人，叫周颠仙。这个周颠仙也不是一般人，他十四岁的时候得了癫痫病，没钱医治，父母也顾不上他，他就到处流浪，讨饭生活。他曾经协助过朱元璋打天下，是个道士。周颠仙道士给吕尼唱了一首歌："周颠仙，周颠仙，挥着吕风颠。我今传与你，阴阳颠倒颠。紧走八百里，慢走有一千。要知这言语，日月在天边。认得亲父母，大道要真传。到了燕北地，不要说巧言。真主回本国，一定圣文宣。逢年九十四，事事得周全。"

话说这吕尼千里迢迢赶到燕京，到了京城不久，就听见有人说，边域上有虏贼犯境，敌人大举进犯，前方告急，没办法，万岁爷要去亲征。

吕尼一听，心想不好，要坏事儿。其实吕尼心中已经预料到了英宗会被俘，可怎么才能阻拦住万岁爷呢？想来想去，她急中生智，把自己化装成了一个疯婆子，腾空而起，落在了万岁爷前行的大道上，她不顾千军万马的浩浩大军，站在路中大喊："皇上，万万不能去啊，贼人是很不好对付的，他们神通广大，机谋多变。"

前行的队伍突然停住，皇帝问怎么回事，前头兵士来报，说一个疯女人拦住了去路。皇帝问，是喊冤告状的吧？兵士赶紧把吕尼说的话告诉了万岁爷。万岁爷一听，这个疯婆子，我还没出征，她就来咒我？去，把她给我轰走。

且说这明朝的大军，果然出征后与蒙古军队交战，几天工夫就大败。由于王振刚愎自用、指挥失误，蒙古军队以排山倒海之势涌来，喊杀声震动山谷，明军节节后退，不得已退到河北的土木堡一带。土木堡地方狭小，又没有水吃，人困马乏，军心动乱，五十万大军顷刻间全军覆没，在土木堡被杀得"尽行亏损"，英宗也沦为阶下囚，被囚禁在塞外大漠之中。英宗是又怕又饿又悲伤，忍不住就大哭了起来，正可谓是求天无门，求地无路。就在他特别绝望的时候，竟然天降神人，吕尼出现在了他面前。吕尼给英宗送来了饭，英宗问她是谁？吕尼回答道，我就是在路上曾经拦驾的那个疯婆子，随后吕尼又刨出泉水，给英宗喝。吕尼以她的无边法力，保住了英宗大难不死，于是英宗立下誓言，有朝一日自己若能回到朝中，重新得位，就一定要报答吕尼的恩德。

《普度新声救苦宝卷》中记述了明英宗"御赐"建庙的经过："主问众臣：'拦驾的疯婆在于何处？'吕祖向前：'吕氏有。'大臣失色，人人都称：'真乃菩萨下降。'主公问：'你在哪里住？''吕氏随处安身。''朕与你宫殿一处，安身养老。''吕氏愿在黄村。'主公：'传该衙门知道：与吕祖盖观音庙一座，田地七顷二十亩。'吕祖：'谢主圣恩。'于是，吕祖出朝，径到黄村，等候君王钦差。内外官员，置办木料砖石等物，修盖观音寺。只见四村上下，城里城外，山东河北，各处人都来助工，真乃胜境也。"

英宗之所以信任吕尼，还因为他获释回京后的一段经历。英宗回到皇城后，被当朝的皇帝给囚禁在了宫里，每天愁眉不展。就在此时，那吕尼在英宗面前献计，她跟英宗说，你只有紧闭其口，绝不多说，才能保住性命，一切以保住性命为大。你现在静候时机，早晚有复位的机会。英宗还真就按照吕尼说的做了，后来在几位拥戴朝臣的密谋策划下，"景泰七年四月十八日，打开南城，将正统请上金銮宝座"，英宗复辟成功。论功行赏，屡有救驾之功的"疯婆"吕尼自然得到英宗感激，特敕建黄村观音庙，并赐"顺天保明寺"。

搜集整理：**杨金凤**

十七

弘治帝题匾皇姑寺

　　西黄村的皇姑寺现存两块寺额，一块是明代的，一块是清代的，两块寺额都与皇帝有关。明代寺额为汉白玉石质，刻"敕赐顺天保明寺"七个大字。那字据传为明英宗书写，龙飞凤舞，成为镇寺之宝。

　　可到了嘉靖年间，寺额却引起皇帝的老大不高兴。他阴着脸对手下大臣说："我堂堂大明，奉天承运，怎么还要一个尼姑来保？"于是，下令拆毁皇姑寺。此事惊动了皇亲国戚，他们纷纷以该寺寺额为当今皇帝祖先赏赐，毁寺等于欺师灭祖为挡箭牌，终于把寺庙保全下来。

　　清代寺额是大青石质的，刻"显应寺"三字。清朝初年，康熙皇帝听说京西有座"顺天保明寺"，他嘴上不说，心里是老大不舒服。这不明明是鼓动老百姓反清复明吗？于是暗地里指使人放了一把大火，把皇姑寺烧得一干二净，连明代寺额也在大火中断为两截。毁寺后，康熙皇帝还假惺惺地为寺里尼姑盖起新庙。新庙就盖在明代皇姑寺的旧址北边，既巍峨壮观，又金碧辉煌。寺成后，康熙皇帝亲赐御制匾额，改名"显应寺"。康熙皇帝书法不错，"敕建显应寺"五字和"显应寺"三字写得规规矩矩，意思是要皇姑寺感谢皇恩浩荡，要庙里的神灵保护大清国运昌隆。尼姑们对这套把戏心知肚明，她们阴着把"显应寺"额镶嵌在山门上，暗地里却把断成两截的明代寺额，悄悄供奉在老祖殿里。

搜集整理：**门学文**

李太后领头献铜钟

皇姑寺只有钟楼，没有鼓楼，这布局跟其他的寺庙不一样，也就是说鼓楼的位置上放的是钟而不是鼓。这是为什么呢？皇姑寺原有两口明代的大铜钟，是镇寺之宝。两口钟外表看一模一样，都是一人来高，身上布满莲瓣纹，顶上的双龙盘纽，威风凛凛。

明代的嘉靖皇帝好道不喜佛，他先是派大臣追回了英宗保护该寺的三道圣旨，接着就派兵毁寺。毁寺的大臣首领来到皇姑寺，见寺门大开，寺内好似空无一人，只有一口大铜钟矗立在天王殿前。大臣围着钟转了一圈，头皮发麻，领着兵丁转身就跑。你猜为何？原来，那铜钟是皇上他妈——太后所赐，钟身上刻着太后的懿旨，要皇姑寺保佑皇图永固，天下太平。铸钟的有皇太后、当朝太师、王妃，还有公主等，个个都是奉命毁寺的官员惹不起的大人物。原来，寺里尼姑见皇帝追回圣旨，感到不妙，立刻派人去求请皇太后保护。太后联络各级显贵来了个铸钟保寺，使皇帝的如意算盘落了空。皇帝对皇姑寺是又恨又怕，但碍于大钟，无处下手。死前，他把毁寺的事托付给儿子，想让儿子帮他出了这口恶气。

隆庆皇帝即位后前几年忙着巩固皇位，没敢动皇姑寺。等到他腾出手来，想完成父亲遗愿时，已到了隆庆六年（1572年）。他秘密派兵去毁皇姑寺，一见还是寺门大开，却远远望见寺里又多了一口大钟。这一回，大钟上不但有李太后和显贵们夫人的名字，还有老资格的国公侯爵和大批他必须依赖的朝廷大员。他明白，皇姑寺的尼姑们又抢了先手，只能感叹不能完成父王的遗愿了。

李太后为什么如此卖力地保护皇姑寺呢？原来，她为巩固自己的政治地位而自称为"九莲菩萨"。那"九莲菩萨"的来历出处，只有在皇姑寺的宝卷上才可以找到。

民间忌讳送钟，认为送钟等于送终。但明代的皇太后们给皇姑寺送的大铜钟，却正是时候。它们让两代皇帝没能毁掉皇姑寺，使该寺威名远扬。如今，那两口大铜钟已被运往古钟艺术博物馆。

搜集整理：**门学文**

天泰山上的"和尚"

慈善寺位于石景山区西北部天泰山主峰的西侧平台上，四周遍植松柏，苍苍郁郁，灵秀静雅，远远看去犹如一只伸展出的绿色长臂手中托着红色的宝盒子。游人到天泰山，一进山门即可看到醒目的石刻。在寺门外弥勒佛殿南侧山坡上刻有"勤俭为宝"和"真吃苦"，后山还有四处分别刻着"耕读""淡泊""灵境"及"谦卦"，那是1924年冯玉祥将军留下的笔迹，请石匠雕刻而成的。

爱国将领冯玉祥曾三上天泰山。北京附近有许多青山绿水之地，为什么冯玉祥却一而再再而三地到天泰山呢？这是因为天泰山既是一个在北京附近少见的释道合一、众神齐聚的庙宇，也是一个形势险要的军事要地。

天泰山不很高，主峰只有430米，东西北诸峰都比它高。它东依鬼见愁，北靠挂甲塔，面对荐福山，南面丘陵河川。山顶的慈善寺分正院、东跨院两大部分。正院殿堂三进：前有韦驮殿，二进正殿大悲坛，三进后殿藏经阁。慈善寺所立神像之多，殿名之杂实为罕见。藏经阁是该寺最吸引人的地方，每年农历三月十八开殿一次，祈福者争先恐后前来膜拜。昔日慈善寺香会的规模、名气很大，每年农历三月十五、十六、十七是香会的日子，山前山后以及京东八县的善男信女前来求子求福、许愿还愿。立于寺中，可凭眺五里坨、三家店远貌。正如冯玉祥在《我的生活》中所述："这一带有一夫当关，万夫莫开之险。若是发生战争，只要地形熟悉，这许多地方都是可以大大地利用的。"

1912年3月，冯玉祥不满当时社会的黑暗腐败，第一次来到天泰山。1916年，因对段祺瑞当局不满，冯玉祥提出辞职被批准，于是称病离开正定，第二次回天泰山"养病"。此间他写了不少对联，如："忍片时风平浪静；退一步海阔天空""成名多在勤苦日；败事多因得意时"。他还说："以静为福，以淡为禄，维谦得人，维和得天。"冯玉祥在慈善寺居住期间，写下许多谦理之文。1924年，冯玉祥第三次上天泰山，留下了六处摩崖石刻。

冯玉祥在山上除了读《七子·兵略》等书籍，还经常借读庙里的佛经。他说："佛经也有好的意思，记得有一段说和尚打坐，时候久了，腰酸背胀，心烦意乱，无法支持就诵偈语，父母未生我时，我的本来面目又是什么？我觉得这意思极好，可以养成大无畏的精神，无论遇何困难不会退缩。……若在火线上记住这两句经语，定能生出勇气，增大无畏力量。"

冯玉祥和慈善寺里的玉宗和尚关系十分融洽，在杨宇霆、张学良上山来访时，冯玉祥和大家合影，请玉宗和尚站在中间。第二次到天泰山的时候，他问玉宗和尚："从前来游玩时，只有一座大庙，此次来，看见新建了几所小庙，其中一座是送子娘娘庙，为什么新修这些庙？"玉宗和尚说："因为老百姓来朝山进香，多是为了求子，若不盖这个庙，他们就不来进香了。"冯玉祥听后风趣幽默地夸奖玉宗和尚："你真能干，你做和尚像开店一样，主顾要什么货，你就办什么货。"

天泰山上的慈善寺在美丽的自然景致环抱中蕴藏着浓厚的历史遗迹，冯玉祥将军在寺里与玉宗和尚曾经合写过一副对联，形象地描写了慈善寺的景观："松蟠福地千山绿；月到天台万里春"。如今，慈善寺已经修缮一新，重现昔日的风景。

讲述人：呂品生
整理人：杨金凤

名伶出家

西山八大处一处的长安寺，有一位方丈法名继厚。相传，此人有一段不幸的经历。

◎ 长安寺 ◎

继厚和尚俗姓王，北京人，自幼从师学戏，专攻文武小生，十几岁便登台演出。他有极好的天赋条件，不仅扮相好，而且嗓音宽亮甜润，底气足，韵味浓，更兼练就一身好武功，身段洒脱。他无论到哪里演出，都经常博得满堂彩，因此在梨园颇有名气，被人尊称为王先生。

论王先生的条件，本应挑班唱戏，可是他喜好游山玩水，唱戏挣了钱就到处旅游，从海南岛到松花江，从两广到内蒙古，几乎走遍了全国各地，饱览名山大川、寺庙古迹，真可谓是一位名伶兼旅行家了。

王先生耽于演戏、游历，三十三岁还没有成家。戏友们多次为他牵媒拉线，他都不从，只说是一个人生活自由。这一年他在长安大戏院上演《西厢记》，张生那潇洒的身段、传情的眼神，博得满堂喝彩，也迷住了一位陪同父母来听戏的赵小姐。赵小姐年已二十，生在书香门第，从小喜欢吟诗作画，被父母视为掌上明珠。几年来多有名门望族子弟登门求亲，小姐只说年纪还小都一一谢绝。男大当婚女大当嫁，二十岁的大姑娘还没有婆家，做父母的着实费尽了心思。真是无巧不成书，第一次陪同父母看戏的赵小姐，偏偏自比莺莺，爱上了这位"张生"。旧社会唱戏的被视为"下九流""五子行"，最让人瞧不起，父母哪肯应允？无奈女儿从小娇生惯养，说一不二，天天哭闹着非"张生"不嫁。父母只好答应了这门亲事，于是这位赵小姐和王先生结为百年之好。

年华如水，光阴似箭，转眼十载已过。赵小姐生下了二男一女。女儿模样同母亲似一个模子刻出一般，而且聪明过人，学母亲吟诗作画，八岁时，《千家诗》《唐诗三百首》已背得滚瓜烂熟。两个儿子更是招人喜爱，大的六岁，小的五岁，已经学着父亲的样子舞枪弄棒，唱戏吊嗓儿。一家五口和和美美，享尽了人间天伦之乐。

天有不测风云。有一年北京闹瘟疫，王先生一家老小全都染病在身，拉肚不止。王先生虽然手中有钱，也买不到起死回生的灵丹妙药。瘟神如同厉鬼，不几日相继夺走了妻子儿女的生命，只王先生一人幸存。天生横祸摧残了这个家庭，也摧残了这位名伶的艺术生命。他整天把自己关在家里，似疯魔一般，戏友们常来相劝也无济于事。眼看他一天瘦似一天，长须垢面，不成人样，几个好友见此惨景也爱莫能助。王先生怀念妻子儿女，痛不欲生。最后他竟看破红尘，变卖了家产，来到了青龙桥余光寺做了和尚，法名继厚。因为他半路出家，当地人都说他是老修行。

20世纪60年代初，继厚和尚与世长辞，享年八十有余。他的住处仍旧摆放着原来那五口之家用过的梳妆台、穿衣镜、八仙桌等器具，可见情丝难断，尘缘难断。

讲述人：**傅景新**
整理人：**曾庆云**

西山八大处传说

红叶的传说

西山八大处的大悲寺，以前香火特别旺，这里的师父讲经讲得好，每天有善男信女来，还引来很多鸽子来听老和尚诵经。风铃声、木鱼声和诵经声，加上泉水哗哗的流动声，不但引来鸽子，连山上的其他动物也都聚集来听经。

◎ 大悲寺扩建殿宇 ◎

有一年闹虫灾，山上的花草和树上的树叶都让虫子吃光了，来上香的人也稀少了，因为虫子吃了庄稼，人们没有收成，连饭都吃不饱了。大悲寺里的和尚还是每天诵经不断，树上的几百只鸽子听着多日没吃饭的老和尚念经的声音越来越低，最后只能看见他嘴唇动，没了声音了。

众鸽子焦急，为了救助山中草木和山下众生，把一种毒草吃进嘴里，往一棵棵树上喷。为了救漫山遍野的树，几百只鸽子昼夜劳作，眼见着鸽子从几百只变成了几十只，最后就剩下几只了。毒草的毒汁留

◎ 招仙塔鸽子 ◎

在鸽子胃里，每只鸽子都开始吐血，这血散布得漫山遍野。后来，每到鸽子救树的季节，树叶就红了。后来，老和尚圆寂了，寺里来了个小和尚，有人说，那就是鸽子转世来的，这小和尚一举一动，诵经说法，跟原来的老和尚很像。也有的鸽子还没转世，后来人们到大悲寺来，还能看到一些鸽子在寺外的台阶上或树上听经。

搜集整理：**杨金凤**

陈家沟骆驼

石景山从前叫湿经山，是唐僧西天取经回来，过永定河的时候，让大乌龟给翻到永定河里头了。师徒四个人从河里爬上岸，找了个地方晾

◎ 永定河 ◎

晒弄湿的经文，后来这地方就叫湿经山了。话说这师徒四人晾晒经书的时候，一阵大风吹来，把石台上的经文吹上了天。师徒四人眼瞅着经文朝东南西北飞走，孙悟空抓耳挠腮，猪八戒哼哼唧唧。

唐僧说："徒儿们，我们每人一个方向，把经文找回来。"猪八戒说："师父一个人走可不行，还是我陪着师父，猴哥你本事大，你往东和往南找，沙僧师弟你往西，我和师父往北。"

唐僧和猪八戒下了石景山就往北走，过了鬼子山就迷了方向，他们沿着山路往东北方向走。荒山野岭，猪八戒早就累得不行了，这时候突然起了狂风，一阵风沙刮来，唐僧的白龙马眯了眼，直冲着悬崖奔去，连马带人全掉下了悬崖。

唐僧醒来，只见漫天飞沙，谷底不见出路，心想："丢失的佛经没找到，这从西天取回来的经怕是要随我消失在这深谷里了。"

三天过去了，风沙还没停，唐僧已经奄奄一息，受伤的白龙马也倒在一边。唐僧昏昏迷迷的时候，听见白龙马突然叫起来，他勉强睁开眼，看见一个庞然大物立在跟前，仔细一看，是头骆驼。

骆驼慢慢趴在地上，安静地等着唐僧坐上来，可唐僧毫无力气，受伤的白龙马明白了骆驼的用意，伸出受伤的腿帮助唐僧骑上骆驼，骆驼又慢慢立起来，驮着唐僧就走。哪知唐僧从骆驼上滑下来，他是不想把马丢在这儿自己走。嘴里说着："马，马……"

骆驼只好又趴下来，唐僧让马爬上去，这白龙马也知晓主人的意思，白龙马趴在骆驼后边，唐僧趴在前边，这回骆驼起来有点费劲了，马可比唐僧沉多了。

唐僧趴在一颠一颠的骆驼上恍然大悟，这是菩萨感念他的虔诚，派神骆驼来救他了，嘴里立刻念起佛号。

唐僧问："你为什么来救我呢？"

神骆驼说："我是这西山上一户人家的普通骆驼，有一次到西山拉货，掉在浑河里，是菩萨让大乌龟救了我，后来我受了观音菩萨的点化，刚才也是我从这里经过，看见你摔下山才搭救你的。"

唐僧双手合十，诵念阿弥陀佛。

这时一直在山顶上寻找师父的猪八戒哭着跑过来，孙悟空和沙僧也赶来了，师徒四人继续在京西一带找被大风刮走的经文。

搜集整理：**杨金凤**

金骡子

西山大悲寺的东边有条沟，叫水泉沟。这里的泉水常年流淌不断，就连冬天也不结冰。酷暑盛夏，喝了这清凉的泉水，心里可舒畅了。传说康熙皇帝到香界寺经过这里，每次都要在这儿歇脚儿品泉。特别是傍晚，叮叮咚咚的泉水，还有寺的房檐上叮叮当当的风铃，在这大山里甚

◎ 寺内风铃 ◎

是好听。有人说，只要这房檐上的铃铛不响了，这泉水也就不再流了。当地老百姓都来这里打泉水回去喝，说是能治病。在泉水流经的地方有一块巨石，因常年流水不断，在石面上冲出了一个坑，形成了一个石槽。无论天气多旱，这石槽里总有半槽水。

很久以前，大悲寺里住着一老一少两个和尚。一年夏天一个人来到这里借住一个月，师徒二人收留了他。这人起早出去，夜深才回来，每

天如此。一个月很快就过去了，他对老和尚说还想住半个月。老和尚又答应了他。可是师徒二人越来越觉得此人好生奇怪，整日早出晚归，究竟在做什么？老和尚就让小和尚悄悄地跟踪他。第二天清早，这人一起床，又出去了，小和尚装作上山，在后面远远地跟着他，只见他来到水泉沟，坐在一块大石头上一动不动，直到很晚才回去。一连跟了几天都是如此。老和尚觉得此人必有来由。

第二天，老和尚便和小和尚一起暗中跟着他。那人还是来到水泉沟，仍然坐在那块石头上不动。一整天过去了，天渐渐黑下来，四周寂静，只听得潺潺的流水声。过了一会儿就看见那人探头探脑，手里还拿着一根一尺长的小棍。忽然，石头缝底下钻出一只金骡子来，原来这石头有断层，在断层下面有一洞，只见金骡子伸了伸长脖子，在四周巡视了一下，慢慢地来到石槽边。金骡子刚要饮水，那人就用手中小棍轰它，吓得金骡子直往后退。轰了几次以后金骡子大概觉得这人不会伤害它，渐渐地就不怕了，那人就试着伸手去摸它，老和尚终于恍然大悟，原来他到山里来是盗宝的。金骡子是山中之宝，不能让他人盗走。于是老和尚不顾一切冲了出来。那人一见有人来，吓得撒腿就跑。金骡子也像受了惊似的一直往山里跑去。师徒二人看着金骡子远去的背影，感到很遗憾。老和尚让小和尚找来凿子，在这块巨石上刻了"轰、赶、惊"三个字。金骡子走了，可石槽里的水至今没有干，到了冬天也不结冰，大概还在等着金骡子来饮水吧！金骡子一去不复返，然而石头上刻的三个大字依然存在。

搜集整理：**杨金凤**

金马驹

从前，西山八大处是包住的寺庙，就是吃八方的游僧可以住在这里。有一年，有个游僧就走到了西山八大处住下，住的是四处的大悲寺。

这和尚有个毛病，就是每天一到天刚蒙蒙亮的时候便起来解手。解手不能离庙门太近，得走远点儿。和尚迷迷糊糊出了庙门往东北走，大概走了百八十米，前边是条泉水沟，这和尚就听着泉水声要解手。他刚蹲下，忽然又站了起来，提着裤子往泉水里看，只见这泉水里倒映着一群金马驹，和尚也不解手了，提上裤子就下了山坡，来到泉水边，他看见一匹浑身闪亮着金光的马驹站在河中间的一块大石头上喝水呢。和尚想，明明一匹金马驹，怎么在山坡上看着是一群呢？是不是我一下子惊动了它们，都跑了呢？不行，我得再上去看看。

和尚又爬上山坡，往下一看，水里还是一群金马驹啊？这和尚想，一定是我一上来，那群金马驹就又下到泉水边了。这回，我悄悄地往下走。

和尚顾不得山枣树扎，草棵子绊，连滚带爬，悄无声息地就来到了泉水边，定睛一瞧，嘿，还是一匹金马驹。他就躲在草丛后边，观察这金马驹喝完水往哪儿走。

金马驹站的大石头，金光闪闪的，让从山上流下的泉水一冲，好像把金光都随着水冲走了。和尚往下游一看，这泉水就变成了一道金水，整个一条沟都泛着金光。和尚满眼、满脑子都装满了金子一样，正在他痴迷迷地看溜走的金水的时候，再返回来看大石头上，金马驹不见了。

和尚只能懊丧地解了手，转着主意走回大悲寺。这一整天，他都想着那匹纯金的小马驹。这个和尚起了歹心了，心想这要逮住金马驹，得换多少钱啊，不行，等明天早晨这金马驹再来，我想法子逮住它。

想着想着，和尚就来到树林里，偷偷砍了一根长树枝，用一根绳子在树枝上栓了个套，像套马杆一样。做完了这套马杆，和尚把套马杆藏了个地方，就又回大悲寺了。

到了晚上，天刚擦黑，和尚就到泉水沟边等着金马驹出来喝水，可是，从晚上到第二天早晨，金马驹根本没来。第二天，第三天，他都去等金马驹，可金马驹一直就没露头。

到了第四天，和尚也累了，老早就睡了。到早晨天快亮了的时候，他又让尿憋醒了，就又去泉水沟解手。天啊，他又看见金马驹在大石头上低着头喝水呢。和尚慌忙找到套马杆，等再看金马驹，又没影儿了。

这金马驹也奇怪了，只要这和尚拿出套马杆，金马驹就不来喝水，只要和尚空手到泉水沟，金马驹就在大石头上喝水。气得和尚没辙了，干脆把套马杆扔了，只见他从高处往金马驹背上一跳，还真就骑到金马驹背上了。和尚从怀里掏出绳子就要套金马驹，说时迟那时快，金马驹一撅屁股，把和尚扬到水里了。等和尚从水里爬上来，金马驹又没影儿了。

西山八大处传说

　　和尚还是不死心，又开始从晚上就蹲守金马驹，等到天快亮了的时候，他藏在草棵子里看着那水上一群金马驹跳上跳下的，脑仁都快急出来了。他使劲拍脑袋，这才想明白，其实金马驹就一个，那群马是因为泉水从山上流下来，在河里的石头上溅起的水花，金马驹的影子在这些跳动的水花里，就好像是一群金马驹。

　　到了天亮的时候，和尚爬上了一棵树，这树有大半棵是探到泉水沟上头的，正好在金马驹喝水的上头。和尚就蹲在树上，等金马驹来了，只见他又像上次一样，猛地往金马驹背上跳，哪知这次可没落到金马驹背上，不偏不倚落在了大石头上，一下子就摔死了。也有的人说，和尚不安好心，被大悲寺的其他和尚发现了，把他赶走了。

　　后来人们才知道，这个和尚是个假和尚。据说，后来这条泉水沟叫四照谷，起初是有一匹马刻在一块大石头上的，那马是似跑非跑的样子，可好看了。

讲述人：**傅景新**

整理人：**杨金凤**

砍树和尚

传说民国年间，西山八大处有个瘦和尚，夜里睡觉被大雨淋醒了，抬头一看，自己住的寺庙房顶漏了，再不修，恐怕要坍塌了。第二天早晨天一晴，瘦和尚就到山上找东西搭屋顶。他在山上绕了一个时辰，也没找到一棵他能用的房梁。有人问了，说西山八大处山上树木林立，砍棵树不是轻而易举的事儿嘛，还用上山找，走出哪个寺门都有啊。

◎ 证果寺内监狱旧址 ◎

却说这找房梁的瘦和尚，他见到哪棵树都是活着的，枝繁叶茂的，摸摸这棵舍不得，摇摇那棵也舍不得。他就垂头丧气往回走，半路上，觉得脑瓜顶"吧嗒"一声，用手一摸，一坨子鸟屎落到秃脑壳上了，他抬头一看，不但没气，还咧开嘴哈哈笑上了。原来瘦和尚眼前这棵树是棵死树，枯枝狰狞，看起来死了不少年了。瘦和尚挥起带来的斧头就把树砍倒了，用根绳子拴住树的大头，从山上把树拉到寺里。

瘦和尚刚把屋顶修好，证果寺的住持就气冲冲赶来了，唤了瘦和尚跟他走。瘦和尚不知道师父为什么生气，只得跟着师父进了证果寺，师父二话不说，把瘦和尚投进了和尚监狱。

监狱的东南墙角是一棵参天的古树，瘦和尚夜里睡觉的时候，一群彩色的鸟从树上飞下来，飞进监狱里，落在瘦和尚的身上。瘦和尚梦里听见七彩鸟们七嘴八舌地说："还我窝！还我窝！"瘦和尚一下子惊醒了，只见几只鸟一身七彩的羽翼，从他身上飞出了监狱的窗户。

　　瘦和尚起身打坐，冲着七彩鸟飞走的方向真诚忏悔："原来枯树是你们家的，原谅贫僧过错。"后来证果寺的主持见瘦和尚知道了错在哪儿，还真心忏悔，就把他放出监狱。瘦和尚赶忙给鸟们在树上搭了新窝。住持招呼来所有寺庙的和尚，嘱咐大家不要随便砍伐树木。

　　关于八大处砍伐树木的事儿，在民国时期的档案中有记载，而且当时的寺庙和政府非常重视这件事儿。虽然传说已经加入了一些神秘的色彩，但人类保护自然和绿色植被的意识是有的。

搜集整理：**杨金凤**

蛇菩萨

　　传说很早以前，香界寺有个蛇菩萨，就住在玉兰树下面。

　　这蛇菩萨是怎么来的呢？传说平坡山住着一对母子，有一天儿子进山砍柴没有回来。很多天了，妈妈天天盼着儿子回来，可是过了很长时间也不见儿子回家，妈妈就天天进山找儿子。过了很多年以后，妈妈成了白发的老奶奶，嗓子也喊哑了，眼睛也哭瞎了，头发也全都白了，但她还是日思夜想地念叨着儿子。有一天夜里，她昏睡中，忽然看到儿子回来了，儿子说他变成了一条大蟒蛇，在一个很远很远的地方。说完儿子变成了一条大蛇向西而去。

　　老奶奶惊醒后，立刻起身去找儿子，她进了山里，没白天没黑夜地往前走，走不动了就爬。终于有一天她爬到了一处大森林

◎ 六处香界寺 ◎

里，她就觉得这就是她要来的地方，可是她还没来得及找儿子，就累得昏睡过去。睡梦中她觉着有人舔她满脸的汗，就一下子惊醒了，她知道那就是她儿子变的大蟒蛇。老奶奶从此就留在了这个山林里，和大蟒蛇生活在一起。有人说，大蟒蛇和老奶奶是佛祖点化的菩萨，后来这菩萨闻到了香界寺玉兰树的花香味儿，就住到香界寺不走了。

讲述人：焕　生

整理人：杨金凤

白鹿救狼

相传几百年前，西山是一个非常美的地方，翠微山上仙草奇花漫山遍野的，不少动物生活在这里，相安无事，谁也不欺负谁。

◎ 翠微山秋 ◎

突然有一天，一群恶狼来了，据说是从太行山那边逃过来的，看到这儿的山鸡、兔子都挺肥的，就开始到处吃小动物。这地方还住着一只白鹿，白鹿开始也特别害怕恶狼，便躲藏起来。一天连着一天的，这山里天天是惨哭声，前天是鸽子一家大哭，有的鸽子让恶狼吃了；昨天是山鸡一家哭，有的山鸡让恶狼吃了；今天是兔子一家哭，有的兔子让恶狼吃了。白鹿实在是听不下去这每天的惨痛哭声了，它要去找恶狼说理。山林里的其他动物得到消息，都跑来劝说白鹿，担心它白白去送死。白鹿说："今天我不去，明天死的可能就是我。"

第二天，白鹿去劝说恶狼，还没等到它到狼窝，狼王就看见它了。狼王迎着白鹿就过来了，白鹿瞧见狼王张着血盆大嘴，吓得转身就往回跑，狼王在后边紧追不放，其他藏起来的动物都替白鹿着急。白鹿拼命跑，遇到一口枯井，这枯井是它每次都要躲闪着走的，狼王不熟悉这里的地形，一下掉到枯井里了。这时候躲藏起来的那些动物都出来了，搬起石头往枯井里扔："砸死它！砸死它！"

白鹿看了一会儿说："我们把它拉上来吧。"

其他的动物都很奇怪，怎么能把恶狼再救起来吃我们呢？所有被吃过的动物家族都用更大的石头往枯井里头扔。

白鹿说："如果我让狼王不再吃咱们，你们能不能放过它？"

兔子说："你说不让它吃它就不吃了？它能听你的？"

大家坚决不同意。

白鹿说："我跟它谈判谈判再说行吗？"

白鹿把头伸到枯井口，对着井下说："狼王，我说话你能听见吗？"

狼王说："你们想砸死我，我甘认输。别啰唆，我不怕死。"

白鹿说："你不怕死，你死了，你的那些小狼会整夜不停地哭，你死了不难受，可它们难受。它们再也见不到你了，它们以后天天都会来这里哭你。"

狼王在枯井里半天没答话。

白鹿接着说："你吃了兔子、鸽子、山羊，人家的家里人都伤心得不想活了呢。你死了，你的家人是不是也不想活了，跟着你一起死呢？"

狼王没声音了。

白鹿知道，狼是凶残的动物，但是狼对自己的孩子和妻子是特别忠诚的，所以就接着说："今天掉进这枯井里要是你的孩子，被我们用石头砸死，你不觉得我们残忍吗？"

狼王似乎发出一声轻轻的叹息。

白鹿觉得狼王听进去它的话了："狼王，你听好，如果你现在答应我们，以后不再伤害其他的动物，我们就把你拉上来。"

狼王终于说话了："我答应。"

白鹿对其他动物们说："你看，它答应了，咱们把它拉上来吧。"

各种动物都往后退，然后纷纷离开了。枯井上边就剩下白鹿了。白鹿找来一根藤，扔到枯井里，把狼王拉了上来。

狼王看着白鹿，什么也没说，扭身就找它的狼群去了。白鹿还是不放心，在狼王后边喊："别吃我的朋友们了！"

狼王站住了。停了一会儿，头也没回，就走了。

后来，狼王带着一群狼从西山八大处这边的山，搬到南边的山去了，据说那座山后来就叫狼山。

白鹿所在的西山就是现在的八大处。白鹿救狼的事情传开后，很多动物都到这里居住，还来了一个白鹿群，这里的山林更幽静了。因为这里白鹿成群，修寺庙的人就都选在这里，据说以前不是现在的八个寺庙，有很多寺庙呢，只是后来被毁掉了。

搜集整理：**杨金凤**

翠微古树

翠微山，在香山南。山中奇松虽寡，古柏却颇多。从秘魔崖向西北远眺，真个是郁郁苍苍。那森严的古殿，嶙峋的巨石，通幽的曲径和泠泠的流泉俱在一片墨绿之中。盛夏，虽有鼎沸的人声，也只是但闻人语响，却落得个空山不见人。哪里来的这么多古树呢？这还得从头说起。

◎ 翠微山古树 ◎

传说在古时候，宛平县有一个李财主。他不但爱财如命，且颇信阴阳之术。他找了些阴阳八卦、天文地理的书籍，闲来翻看。日复一日，倒也懂了些门道，有些事情也颇能说中一二。一天，李财主出得宛平城，来到卢沟桥头，看着浑河那荡荡浊水，不觉天黑。财主仰观天象，忽见应星发亮，便想："应星主木，难道木上有财？"他边走边想，不觉回到家中。这夜，李财主竟没了一丝睡意，直至鸡鸣头遍，方昏昏欲睡。忽见一小童，头绾着三根冲天髻，颈系红丝带，红丝带连着一个青色兜肚，赤着一双小脚，蹦蹦跳跳走进来，冲着李财主拱手道："恭喜、恭喜。"李财主起身道："童子何出此言？"那童子道："财主昨晚可曾观星，见应星发亮？""有此事。""应星主木，财主要在木上发财。"那童子说罢，向财主招了招手，转身便走。李财主急忙起身，追逐而行。转瞬间来至一处，只见三山环绕，一面独开，开口处，远远又拢了些小丘的影子。这财主紧追上去，问那童子："此地是何处，离家这般近，我为何从未见过这般景色？"童子并不答话，只顾走路。正走间，前面来了一个傻子。只见那傻子身穿一件青不青、蓝不蓝的破僧衣，脚踏一双连不连、断不断的破芒鞋，身上发出一股又酸又臭的气味。那傻子站定，口中念道："我富你也富，我穷你也穷。若想偷梁换柱，老子不答应。"那童子道："这里便是财地，这傻子，便是财根。愿你好自为之。"说罢，便不见了。财主再找那傻子，也不见了踪影。慌忙之中，未曾记住来路，只好记下这个地方，硬着头皮往回走。忽觉脚下一绊，跌了一跤。睁眼一看，原是南柯一梦。他欠起身子，见天已大亮，便吩咐家人好生看家，自己备了马，拿了盘缠，去寻那梦中之地。一日，他来到八大处。见此处与梦境无二，便接了家眷安顿在山脚下。事毕，又去寻梦中那傻子。果真让他觅了去。财主与那傻子施礼，那傻子也不搭话，只是痴笑。财主又拱手道："我家正缺帮手，师父若愿往，一日三餐，应时衣衫，绝不敢缺。"那傻子果真点头应允了。

李财主在山坡上圈了个牛圈，在山下盖了猪舍。那傻子白天放牛，晚间背猪草下山，好似从不知疲倦。一日，下山路上，忽见一只叫不上名的小鸟，正朝一块新土上盖些石子。那傻子扒开新土，里面埋着个旧瓦盆，他也不管好坏，将盆抱了回去。到家后，他将瓦盆放入猪圈，然后倒入猪食。谁知从此之后，盆里的猪食再也吃不完了，猪却越长越快。猪崽入圈，不过百天就长成几百斤的肥猪。这财主心中纳闷儿："养了这些年猪，尚未见如此飞长的。"于是到猪圈察看，一眼看到那只瓦盆，便将猪食倒掉，洗净藏入内室。那傻子不见了瓦盆，便去问财主，财主假称不知。那傻子明白财主独吞宝物，于是抢入内宅，找到宝物，抱起就走。口中还念念有词："我富你也富，我穷你也穷。若想偷梁换柱，老子不答应。"财主一见不好，急忙上前去夺。忽然，盆子落地，只听山崩地裂的一声巨响，盆子摔得粉碎，那些碎片及颗粒，被就地起的一阵旋风送到四面八方，片刻间，在八大处、法海寺、八宝山、八角山一带的山坳和平野间，生出许许多多的柏树。柏树围成一个大大的圈子，就像一个巨大的聚宝盆。而那个财主和傻子却在巨响声中，化作两块山石。

◎ 村舍 ◎

后来，沿途的柏树被砍伐殆尽，只有翠微山上残存着几片古柏林。这些古柏，虽不像聚宝盆那样诱人，但还是给这一带山峦披上了一层神秘的面纱。

讲述人：杨儒有
整理人：廉 子

第五章

村落传说

一

魔王和鬼王斗法

　　传说，过去在西山八大处的前山住着魔王，在后山住着鬼王，魔王和鬼王俩人各有本事，谁也不服谁，经常在一起斗法，每次斗法，各有输赢。有一年在天泰山上要建个寺庙，建寺庙得选个好的地方，于是负责修庙的人就请来各路神仙，让他们都出主意。各路神仙还真出了很多高招，然后把这些选在哪儿建寺庙最好，建什么规模的寺庙的办法派人送去给魔王看，魔王看看这个，再看看那个，没一个他中意的，于是他就对来人说，你回去吧，到时候我亲自上阵给你们选个建寺庙的地方。

◎ 魔王和鬼王斗法选择的慈善寺 ◎

　　魔王要给寺庙选址的消息很快在西山八大处山前山后传开了，有人到西山八大处宝珠洞上香，就告诉了鬼王，鬼王一听，嗬，你魔王又要在人前显圣啊，我可不能给你这个机会。只见正在打坐的鬼王，一飞身从宝珠洞里出来，三步并作两步就往天泰山的山上奔去，到了要选地址的山坡平台上，鬼王对众人说，我在这西山宝珠洞待了一百多年了，这里哪儿最好，只有我知道。

早就到来的魔王听鬼王这么一说，立刻还击，魔王说鬼王你这不是吹大话嘛，你有什么本事啊。鬼王不服气，双腿一盘，坐在一块大石头上说，魔王你也别这儿吵吵，谁更有本事，咱俩一比高低不就行了。怎么个比法儿呢？人群里就站出来一位小神仙，说你们俩双方各自选一个地址，这个地址都别让对方知道，最后谁选的地址好，让玉皇大帝来裁判。随后，两人各自回了自己的修行地。

挨到天黑夜深之时，鬼王又从宝珠洞里飞奔而出。他趁着天黑来到山上，先是把四周看了一个遍，确认四周没人，他就偷偷把四个铜钱埋在东西南北的四个角上，他认为在这四个角上起地基，将来建的寺庙肯定是最好的。鬼王埋完铜钱以后，暗自窃喜自己选到了最好的建寺地址。

天色大亮之后，鬼王扬扬得意地去找魔王，他跟魔王说自己的地址已经选好了，问魔王地址选得怎么样，魔王说自己也选好了。鬼王和魔王到底谁选的地址最好呢？小神仙说，咱们请玉皇大帝下凡来做个裁判吧。鬼王就要请神仙下凡，魔王说不用劳烦玉皇大帝了，咱们找些证人来当场做证不就行了。话音落地，只见魔王就吹起了牛角号，牛角号响过，西山上的各路神仙就从四面八方赶来看热闹。

到底这魔王想怎么样评出输赢呢？大家伙儿都鸦雀无声地等着，只见这魔王变戏法儿一样，手里亮出四个竹签儿，竹签儿有二尺多长，魔王握住竹签在夜里鬼王选好的地址上转悠了。魔王这一转悠，鬼王心里就开始扑腾起来喽，鬼王想，莫不是这魔王夜里看见自己选的地方了？没等鬼王想出个究竟，说时迟那时快，魔王腾身飞步，将手里的四个大竹签子在一块平地上的东南西北四个角上各钉下去一个，魔王来到鬼王面前，拂袖而问，鬼王，你看看，我选的地址如何啊？

当着这么多证人，鬼王暗自盘算，我可不能认输。于是他说，你魔王想拿住我吗？还说不定谁赢谁呢。鬼王叫过来那个小神仙当裁判，让小神仙看看魔王钉下去的竹签都钉到什么地方了。鬼王话是这么说，可他心里早就犯上嘀咕了。 只见这小神仙走到东面，顺着魔王钉下去的竹签挖下去，不偏不倚，竹签正钉在鬼王埋的铜钱的孔里。鬼王心想，你这是瞎猫碰上死耗子，再看看西边，等小神仙挖西边的竹签，那竹签不偏不倚还是正好在鬼王埋下的铜钱孔里，再挖南边、北边，魔王在四角钉竹签的四个地方，竹签都是钉在了鬼王埋铜钱的钱眼里，在场各路神仙是目瞪口呆，合不拢嘴，大伙儿不得不服魔王的本事。纷纷说，鬼高一尺，魔高一丈啊。可是也有人不以为然，说你魔王是选土地的本事高于人间鬼王，可看病的本事你就不如鬼王了，那是魔高一尺，鬼高一丈。

讲述人：吕品生　焕　生

整理人：杨金凤

鬼王和尚治病

　　鬼王和尚治病厉害，这消息不但在西山八大处一带盛传，连宫廷里上上下下的人都知道鬼王和尚治疑难杂症有一套。宫里做法事的时候，都要请鬼王和尚带上一百零八个和尚去念经，最了不起的是连御医都治不好的病，鬼王和尚也敢给治。

　　话说这天，皇城大门一开，一行人马就往小西山这边走来。此时正是春天，一路桃花、梨花，可这轿子里坐着的人却是没心思看光景，她头疼得死去活来，是要到宝珠洞找鬼王和尚给她治病。

　　抬轿子的轿夫走了一路已经累了，眼瞅着来到了山脚下的柳溪山庄，路边有卖茶水、豌豆黄等小吃的，前边抬轿的轿夫就跟领头的太监说，能不能歇会儿，因为西山八大刹的第七刹宝珠洞是八大刹里最高的地方，刚刚下过一场春雨，爬山路滑。

　　太监自己也不敢做主啊，就退了几步去问轿子里的人。这轿子里是个什么人呢，她是皇帝的一个嫔妃，平日里心毒手辣，陷害了不少别的嫔妃，在皇宫里争宠争权，大伙儿都怕她十二分。这太监轻轻凑到轿子跟前问这嫔妃，是不是能让轿夫们歇歇脚儿，哪知这嫔妃正头疼欲裂，从鼻子里哼出俩字儿"滚开"。太监一听，这是不让歇脚啊，只等命令轿夫继续往山上走。

　　轿夫们本来是又饿又渴又累，脚下无力，腹中无食，深一脚浅一脚地打打滑滑往上走。遇到一个陡坡，前面轿夫脚踩到一块滑溜溜的石头上，膀子上的杠子就往左边下滑，他一趔趄，人就摔倒在地上了，前边的一滑倒，后边的人顺势也把轿子往左边滑下来，轿子就朝左边翻倒了，左边是什么地方？左边是悬崖啊，只见这轿子里的人骨碌骨碌就滚到山坡下去了。

　　事情来得突然啊，这嫔妃光顾着头疼了，没弄明白怎么回事儿，人就滚下山坡了。她脑袋这时候倒清醒了，我这是要没命了，想着她就伸手乱抓，还真有个东西被她抓住了。哪儿是她抓住东西了，是一只大手把她抓住了。抓住她的人是谁呀，正是鬼王和尚。

　　鬼王和尚本来是在宝珠洞给人看病呢，每天这山里四面八方来找他看病的人络绎不绝，黑天白天的人不断流儿。宝珠洞居高临下，坐在宝珠洞平台上，不但能看到山下路上的来人，能看到山下村落，连皇宫的红墙都能看得一清二楚，这时候他看见轿子翻了，一个飞身下来，跳到山坡上把往下滚的这嫔妃抓住了，拉到轿子跟前。

◎ 西山八大处山路 ◎

　　大伙儿七手八脚，又把这嫔妃塞进轿子。这嫔妃清醒了许多，问太监，刚才救我的人是谁，太监说是鬼王和尚，这嫔妃离开下轿磕头，求鬼王和尚给她看病。鬼王和尚说你根本就没病，这嫔妃说我天天头疼啊，这阵子光是四处看病了，连皇上都不搭理我了，时久天长，我这地位就保不住了。鬼王和尚说，我说你没病就没病，你只要换颗心就行。这嫔妃一听，换心，那不得没命了。鬼王和尚也不多说，画了一颗心给这嫔妃，然后跟她说，这是一颗人心，你天天把这图捂在胸口上，等你长出人心，你的病自然就好了。这嫔妃心想，这什么破和尚啊，拿张破纸给我，我就病好了，你说我现在长的不是人心啊？你这不骂我嘛。心里这么想着，手还是把那图贴胸口上了，这一贴，真就觉得头疼减轻了。

这嫔妃没长人心？跟随而来的太监、轿夫们都暗自纳闷儿，仔细一想，她还真就没人心，经她手害死了不少人，伺候她的一个宫女前不久就刚被她害死。回到宫里，大伙儿就问这嫔妃，鬼王和尚给你开的什么药方啊？这嫔妃心想，我怎么说啊，说我没长人心，这可不成，于是就说，鬼王和尚说我只要修成一颗菩萨心，病就好了，从此以后，这嫔妃开始吃斋念佛，不争权，不害人，人也越来越漂亮，传说后来这嫔妃到西山的一个姑子庵出家了，活了一百多岁。

搜集整理：**杨金凤**

傻儿子傻媳妇

京西民间有"一溜边山府，七十二座坟"的说法儿，这是因为京西有山有水，是宝地，皇家把墓地建在这里，墓地多，就有了盗墓贼。说西山里有一个叫鬼三儿的，心眼活泛，不爱种地也不爱打鱼，想着歪门邪道赚钱，就干上了盗墓的营生，还真就挖到些金银财宝。他用这些钱除了自己盖房子添置家业，家里还存了不少银两。有了钱，就想着续香火，天天盼着生个儿子继承他的万贯家财，于是就老上西山八大处烧香拜佛，求一脉香火。别说，还真灵，不久他家就添人进口，生了个大

◎ 宝珠洞 ◎

胖儿子。鬼三儿得了儿子，更卖劲儿地四处盗墓，想给儿子留下更多的财宝。

可鬼三儿这儿子，长到三四岁上，发现是个傻子。傻儿子也是儿子

啊，鬼三儿还是当宝贝一样，等傻儿子长大了，给傻儿子娶了房媳妇，娶媳妇当天就发现这媳妇也不机灵。鬼三儿也不管儿媳妇是傻是精，能给他生个孙子就行。老天有眼，真就应了他的心思，鬼三儿儿媳妇真就生了大胖小子，让这鬼三儿想不到的是，他那孙子到了三四岁上，发现也是个傻子。不久鬼三儿就让傻儿子傻孙子气死了，万贯家财也让傻儿子傻媳妇败光了。说也奇怪，傻儿子把鬼三儿的盗墓钱败光以后，只好四处讨饭，日子越过越穷，后来又生了俩孩子，一儿一女，俩孩子都不傻，精着呢。村里人说，鬼三儿花的是不干净的钱，所以没得好报，他傻儿子不花那些不干净钱了，哪怕是讨饭来的钱，也是干净的，所以后来生的孩子就不傻了。

讲述人：**周秀珍**

整理人：**杨金凤**

西小府

　　京西有小西山，民间有"一溜边山府，七十二座坟"的说法。这些府，都是皇帝赐葬的王公、嫔妃们的墓葬，也葬有公主和皇孙。传说一个皇子病了，每次御医来给他瞧病，都暗示大伙儿这孩子熬不过三天了，可就这么三天三天地过去，这孩子就是不断气儿，家里人看着心疼啊，孩子太受罪了，被病折磨得皮包骨了，要是能早日往生也好，可这话谁都不敢说。

　　这天，皇帝带着一队人马去西山八大处。往常皇帝来，都是过了杏石口山口，从四平台往柳溪山庄走，然后上山去行宫，可这次也怪了，皇帝过了杏石口山口，看见一个小男孩儿，跟宫里那得病的孩子长得一模一样，皇帝就追着小孩儿往西走，到了西小府这地方，皇帝追上了那小孩儿。小孩儿衣服旧，但是不破，眼睛水汪汪的，脑袋后头留着个小辫子，辫子上系着一根黄缎子头绳儿，跟随的太监一见，上前一把把孩子的黄缎子头绳儿撸下来，这还了得，黄缎子那是皇家才能用的，一个乡村野孩子可不能用，有杀头之罪。

　　话说这小孩儿，胳膊弯挽着一个荆条编的篮子，装着半篮子山楂，捧了一捧就给皇帝递过去，旁边人赶紧拦住。那小孩儿胆子大，从拦他的人胳膊下边钻过去，把山楂塞到皇上手里。皇帝低头一数，七个山楂。就问太监，这是什么地方，太监说，这地方叫西小府，有六个皇家小孩儿葬在这里。皇帝听后不觉一愣，他就是觉得这孩子眼熟，想问问这孩子叫什么名字，抬头再找，孩子没了影儿。皇帝迈开大步就往村里找孩子，走着走着，看到地上有孩子掉的山楂，一行人就沿着山楂走到露着金黄色黄土的柏树下，只见这些柏树唰唰作响，像是小孩儿唱歌，皇帝再一低头，看到一片黄灿灿的新土，小孩儿无影无踪。看看天色已晚，太监们就劝皇帝起驾，皇帝把手里的七颗山楂放在那片新土上。

西小府离八大处皇帝的行宫也不远，只是皇帝边走边看西山八大处的景色，一个时辰才到行宫，太监们伺候皇帝洗尘，其中一个贴身太监看皇帝神不守舍的样子，就问皇帝是怎么了，皇帝忧心忡忡地问太监说，你知道我那得病的儿子平时爱吃什么吗？太监说，知道，那孩子平时就爱吃山楂，只是宫里规矩太多，他难得吃上。皇帝一听，一愣怔，就在这时，皇宫里有人快马来报，说皇子咽气了，问皇帝把皇子埋哪儿，皇帝什么话没说，提笔画了七颗山楂。

后来这个皇子就埋在了西小府。民间传说西小府埋着七个小孩儿，这最后一个，就是生病的那个皇子，说他生前爱吃山楂，迟迟不咽气就是因为没吃到最后这一口，皇帝把山楂搁在新坟上，这孩子才脱离人间苦海。

讲述人：刁　益、陈文宝等
整理人：杨金凤

盗墓贼修墓

小西山地区有一个盗墓贼，一次盗墓，他挖了个皇亲的大墓，传说是个公主的墓。这下他可是有钱了，得了一大笔财宝，这财宝里有一对玉手镯和一对金耳环。盗墓贼连结婚都没给媳妇买过手镯、耳环，这次看到这么好的玩意儿，回家洗洗、擦擦，就让媳妇把金耳环戴上了。他媳妇戴上金耳环，那个好看啊，盗墓贼心里挺美。哪知第二天早晨起来，可把盗墓贼吓坏了，只见他媳妇的脸半边黑，半边红，还有的地方开始烂了。结果求医问药十几天，他媳妇也没看好这怪病，死了，留下个十几岁的闺女。

有一天，他那闺女在家没事儿，翻腾出她娘的东西，看见了一副玉镯子，这闺女就把玉镯子戴手上了，她怕她爹看见自己乱动娘的东西，所以一直偷偷戴着，哪知没过半年，盗墓贼的闺女得了重病，也死了。等这闺女死了以后，盗墓贼才发现她胳膊上戴的玉手镯子。这可把他悔死了，原本是想把那镯子卖了，只因为这玉镯子太好看了，没舍得，哪知道自己闺女偷偷戴上了呢。

一年多，媳妇、闺女连着死了，盗墓贼就去西寺里问和尚，把事情一五一十地跟和尚说了，最后问和尚怎么办。和尚说了六个字："哪里来，哪里去。"盗墓贼不明白，问和尚什么意思，和尚继续念经，不理睬他了。

◎ 墓塔 ◎

盗墓贼每天看着媳妇戴过的金耳环和闺女戴过的玉镯子，想这六个字的意思："哪里来，哪里去。"想着想着，他收拾起盗来的财宝，跑出家门。

盗墓贼卖了盗墓来的东西，用这钱把以前盗坏的墓修起来，在墓四周还种上一些松树，每年清明来清理墓上的荒草，初一十五到寺里上香。据说这盗墓贼后来又娶了媳妇，还生了个大胖小子。后来他逢人就说，做坏事儿断子绝孙，多做好事儿吧，能人丁兴旺。

搜集整理：**杨金凤**

窝脖儿侯三儿

西山八大处杏石口村从前有个人叫侯三儿，是"扛肩"的，也叫"窝脖儿"，侯三儿人瘦，十分精明，所以才得了个侯三儿的名号。侯三儿平时给人家婚丧嫁娶的扛活儿，收到的钱两成得交柜上。如果帮人家搬家，又得交包运人两成，所以他一直挖空心思地想给皇室干活儿，挣得多还有脸面。

侯三儿的运气终于来了，有一天，村里来了几个宫里的人，说是要招进宫伺候皇太后的人。侯三儿一听，我得去啊，只可惜他没被人家挑上。侯三儿垂头丧气回家，哪知他还真有好命，说是因为被招去给慈禧太后扛东西的"窝脖儿"发高烧，侯三儿就顶替村里人进了皇宫懋勤殿绳子库管的"窝脖儿"队伍里，专为慈禧太后扛运珍宝和贵重的陈设，他们几十人编成一队，从紫禁城出发，出西直门往颐和园走，一路上只见这些"窝脖儿"健步如飞，等到了慈禧在颐和园住的乐寿堂院子，放进专门设的库房里。

这趟活儿干完了，侯三儿就等着领一两二钱银子，哪知发到手才八钱银子，侯三儿就向管事儿讨要。说事先讲好的是一两二钱，怎么现在只有八钱。正吵嚷着，被李莲英撞见了，李莲英皮笑肉不笑地冲侯三儿说："哼，你嫌我银两给得少，我还嫌你活儿干得不好呢，来人，让他把扛的东西再给我扛回紫禁城去！"

侯三儿人机灵啊，赶紧低头认错。可李莲英不依不饶，说以前从来没人敢争究价钱，你是头一个。

侯三儿说："我是新来的，不懂规矩。"

李莲英说："现在我就教你规矩。"说完一挥手，一个小太监搬着一个箱子过来。"

李莲英指着侯三儿说："打开！"

侯三儿哆哆嗦嗦打开箱子，里面一堆碎盘子。侯三儿纳闷儿："让我看碎盘子干吗呢？"他还没来得及多想，只听李莲英说："看见了吧，这就是你刚才扛的物件，老佛爷用的盘子，你说怎么赔吧？"

　　侯三儿傻眼了，他争辩这不是他打碎的，一路上他是小心翼翼扛着箱子的。可他怎么解释都没用，李莲英一口咬定是他摔碎的。结果侯三儿不但没拿到半文银两，还被李莲英惩罚再跑十趟活儿。其他"窝脖儿"心里都明白，中间的银两是被李莲英等人给克扣去了。

搜集整理：**杨金凤**

灵光寺金鱼

永定河过去经常泛滥，发大水的时候，能淹掉几十个村子。大禹治水就用了泄洪的法子，他挖开个大口子，疏导水往该流的地方流。

桑干河上游的地方这一泄洪，西山灵光寺的金鱼池可遭殃了，一池子的金鱼全给冲跑了，只见这些闪着金光的鱼顺着水往西南流走了。

◎ 金鱼池 ◎

一群金鱼给冲到了石景山下边山崖下的一个大旋涡里，怎么都游不出来。众金鱼就问头领怎么办。金鱼头想了想，带着鱼群往大禹治水开凿的大口子游去。只见这大口子有十几丈宽，鱼群被冲到这里，往下一看，天啊，下边几十米深，还没等它们多想，就被大浪打下去了。众鱼伤心，说咱们再也回不去灵光寺金鱼池了。

金鱼头领就去求大禹，说你早点把大豁口子堵上，我们好回灵光寺。大禹说，你们不能为了自己回家，就不顾天下黎民百姓的生死啊！

这群金鱼毕竟是在八大处这样的佛教之地长大的，他们知道不能让天下百姓遭殃，于是就自己想回去的办法。只见这些金鱼，每天在水里蹦高，从一尺到两尺、三尺……从这里经过的人，都能看见一群金鱼从水里往上蹦，越蹦越高，等过了三四年的光景，这群金鱼能蹦几十米高了。终于有一天，它们从几十米深的永定河下游，蹦到了几十米高的上游，就像鱼跳龙门一样，那叫一个壮观啊，一群金鱼互相鼓励，互相照应，又回到了灵光寺的金鱼池。

讲 述 人：**刘绍州**

搜集整理：**杨金凤**

金脑袋十三妹

西山杏石口村，过去有个叫十三妹的姑娘。十三妹其实叫何玉凤，她为了给父亲报仇，化名十三妹拜师学艺。

十三妹从山东练了一身本事，就回到杏石口找仇人报仇。这天听说这仇人在西山打猎，赶紧拿了家伙上山。哪知这信儿是误报，说她要找的仇人已经死了。仇人没死在自己手下，十三妹有些泄气，她就沿着西山，走到卢师山。在姚家寺塔下边歇脚。

十三妹解开绑腿，摘下水葫芦正要喝水，一仰脖子，看见寺里有个人影一闪，她以为看花眼了，就接着喝水。突然有几个人影从寺北边往山下溜。因为是夏天，很快这几个人就消失在密林里了。十三妹就警觉起来了，说这要是好人，你贼溜溜的干吗？要是坏人，得对我下手啊？

十三妹就沿着姚家寺的山坡往下寻找，发现了一个山洞。她不敢贸然进去，噌噌噌爬上了树，不转眼儿地盯着山洞。一会儿，又有人来了，还是洋人，叽里呱啦说的全是洋话。十三妹没听懂，更觉得这事儿蹊跷。洋人不在城里待着，跑到这西山里干吗来了？

就这样，十三妹连着在这里盯梢了七七四十九天，到了第五十天的日

◎ 寺内古树 ◎

子，十三妹单枪匹马地要和这些人开战了。说这十三妹凭什么和人家开战啊？原来十三妹找到了这些人藏在这里的原因。这伙子人是在姚家寺塔下边的山沟里种大烟的，种了整整一沟的大烟，这些大烟到了收的时候，就有人把大烟背到姚家寺塔的空场儿上晾晒。

十三妹躲藏在姚家寺附近，琢磨怎么能把这些大烟都毁了。天助好人，十三妹还没想出好主意的时候，天开始下雨，晒烟的这伙人赶紧把大烟往塔旁边的屋子里搬运。就在一地的大烟叶子都搬运进屋子之后，十三妹杀出来，一把火扔进了放大烟叶的屋子，火苗一下子蹿上去老高。没等十三妹从屋门口闪开，几十个黑衣蒙面人从各处杀了过来，有的和十三妹厮杀，有的去救火，想保住他们的财路。十三妹一边和追杀她的人拼打，一边往证果寺跑去，跑着跑着，十三妹又恐那些烟草被黑衣蒙面人夺走，就又折杀回来。

这一回来可不得了了，几百个人不知道从哪儿冒出来的，好像还有蒙面的洋人。洋人手里有枪，冲着她一阵射击。十三妹一人已经跟这伙儿人拼杀了两个时辰了，体力渐渐不支，就在她犹豫之时，四个人挥着大刀朝她砍过来，十三妹躲过了东边的，也躲过了西边的，连南边和北边的都躲过了，可就没躲过枪子儿，只见一颗子弹冲着她脑袋就飞了过来。十三妹只觉得脑袋发热，知道自己挨着子弹了，就往姚家寺塔下撤，哪知此时又一刀砍过来，她一下子瘫倒地上。

这伙儿人活擒了十三妹，把她往山下拉。此时，姚家寺塔旁边屋子里的火已经蔓延到了姚家寺塔，就这样，连姚家寺塔也被烧了。

十三妹此时虽然流血不止，可脑袋里还清醒，她想："不能成了这些人手里的活物。"随即抽刀，刺向自己的胸口。

这些人见十三妹死了，还不解气，有人把十三妹的头砍下来，扔到山下了。

皇帝知道了十三妹死了，就派人来询问安葬的事儿，听说十三妹死无全尸，没了脑袋。皇帝说，这可不行，十三妹给咱朝廷去了祸害，朝廷正抓那些种植大烟的呢，这样吧，给十三妹做个金脑袋装上，给她留个全尸。

金脑袋的十三妹，就安葬在了西山八大处的杏石口。可是打这十三妹的金脑袋下葬之后，这里就没消停过，为什么呢，这金脑袋让一伙子盗墓贼给惦记上了。一拨一拨的人来盗墓，后来还有个和十三妹有关的盗金脑袋的传说。

搜集整理：杨金凤

救命小活佛

　　西山八大处山上过去住着一个贫穷人家，这家男人姓胡，因为在家排行老大，村里人都叫他胡大。胡大的媳妇好不容易生下个儿子，还病恹恹的。胡大就跟媳妇商量："媳妇，咱这孩子是个病秧子，要不送寺里做跳墙和尚吧。"胡大媳妇年纪有三十多了，自然是舍不得把儿子送走，可又怕儿子这么多病，养不活，只好咬牙，和胡大一起，带着七岁的儿子狗儿到了西山八大处的一坐古寺，托付给了寺里的老和尚。

◎ 地藏王殿 ◎

　　老和尚天天念书，狗儿不识字，天天打水、点灯、扫院子，陪着老和尚。开始老和尚也不说什么，随便狗儿做什么。一天天上打雷闪电的，下过雨之后，老和尚突然来到狗儿屋里，对狗儿恭敬地双手合十，说等着天放晴以后，要带着狗儿到山上采药。原来这雷电是雷公、电母借此来跟老和尚交代狗儿的身世的。

　　天一放晴，狗儿就跟着老和尚，走遍了西山的山岭和沟壑，尝遍百草，从不叫苦，精心学医术。老和尚让石匠给寺里做了个药碾，狗儿看着医书开始配药，不久就学会了治病的方法，老和尚也把一辈子的本事教给了狗儿。寺庙附近十里八村的老百姓知道了寺里的这个小和尚能治病，都来求药。还别说，这小和尚真就能用起死回生术救活了不少的人。有人就送来了一块匾，写着"救命小活佛"。可小和尚说，是老和尚教给自己的解除病痛的本事，就把匾上的"小"字用纸蒙上，变成了"救命活佛"。每天，没日没夜的，老和尚帮着小和尚碾药、熬药，几年过去，老和尚病倒了。

　　小和尚一看老和尚病了，心里着急，因为他知道，要治好老和尚的病，药难找寻，据说是地上不长，天上不生，山里没有，水里难寻。于是小和尚背着老和尚到城里去求医。小和尚背着老和尚走到玉泉山，在泉水边休息，小和尚给老和尚舀水喝，只见河边两只蚯蚓，都扬着头望着他。小和尚把蚯蚓捧在手里，跟蚯蚓说："人们都说我是神医，可我竟然治愈不了我师父的病，如果你们有办法治好我师父的病，用我的心，用我的眼都行。"

　　那蚯蚓开口说："先用你的心吧。你把眼闭上，就有人来取你的心了。"

　　小和尚就闭上眼睛，等着蚯蚓来取他的心。等啊等，半天也没动静。这时候听见老和尚在远处喊他，他也不敢动。突然一只大手落在他的肩上，小和尚还是不敢睁眼。老和尚说："你在这里干吗呢？我叫你也不动，天要下雨了，我们回吧。"

　　小和尚一听，不对呀，师父已经病得几日不能说话不能走路了，怎么现在说话也行，走路也行？不觉就睁开了眼睛。他这一睁眼，只见玉泉山下的水里，翻滚一丈多高的水浪，一旁的师父双手合十，嘴里念叨着："二神龙，多谢相助。"。原来这俩蚯蚓是两条玉泉山的龙。

小和尚说："师父，你病好了？"

老和尚说："好了。你医好的。"

小和尚纳闷儿，说："我没给您医呀？"

老和尚说："你都把你的心给我换上了，我还能不好吗？"

小和尚摸摸自己的胸脯，衣服还都系的好好的，自己的心也还好好跳着呢。

老和尚说："别摸了，回了。"

小和尚有点莫名其妙，就背上老和尚从玉泉山回到了西山八大处的寺里，老和尚把那匾上盖着"小"字的纸去掉，"救命小活佛"几个字亮亮堂堂。

◎ 灵光寺铜铸大象 ◎

第二天夜里，老和尚把小和尚叫到跟前，跟他说："孩子，你本是天神下界，你生下来有个病身，你爹娘才会把你送来寺里当跳墙和尚，你若想还俗，趁着师父还在，我就给你举行了仪式，还俗去吧。"

小和尚拉着师父的手说："师父，我不还俗了，我的师兄师弟们有病我还给他们治呢。再说，我还俗了，万一我爹娘让我干别的，不让我给人看病呢？"

老和尚说："既然你这样苦心想救度众生疾患，我就把你的心还给你，你给黎民众生救命医病吧。"说完，老和尚就圆寂了。而这小和尚，一直留在寺里，采集西山的神草，成了有名的神医。他老了以后，人们叫他药王神仙。

搜集整理：**杨金凤**

板凳沟的来历

石景山的东北边，有一个小山村，叫板凳沟。一个村子叫什么名字不好，干吗偏偏叫板凳沟呢？说起来还有一段传说呢。

俗话说："穷奔山，富奔川。"早年，这板凳沟一带山村非常穷。村民大都是从山西、山东逃荒来的穷苦人。那时，逃荒的人穷得差不多什么都没有，村民们你帮我，我帮你才勉强度日。可逢上哪家办个红白喜事，连个板凳都没有。

◎ 村落 ◎

当时，有户姓陈的人家，在这穷山沟里起早贪黑地辛辛苦苦盖了两间草房，开出一小片荒山。这年收成特别好，陈家准备给儿子娶媳妇。陈家的男人陈老大心想，一家子好不容易从山西逃荒出来，不知出了多少汗，吃了多少苦，才有了这么一个家，如今儿子要娶媳妇，一定要把喜事办得体面点，请乡亲们来家喝杯喜酒，热闹热闹。陈老大想着要办上几桌酒席，不禁犯了愁，菜是自家种的，鸡鸭是自家养的，酒也是自家酿的，可那些桌子板凳哪儿来呢？陈老大是个要强的人，想到逃荒在外，乡亲们帮了不少忙，一心要办桌酒席请大伙儿。可眼下儿子的大喜日子临近了，板凳凑不上，他急得直发愁。

他老婆见他整日愁眉不展，便对他说："咱们求求这山上的神仙吧，也许能显灵呢！"陈老大急得没法子，心想，按这个主意碰碰运气也好。

于是他请来了一个写字先生，把自己给儿子办喜事，需要板凳可又无钱置办，只能请山神显灵的心愿写在一张帖子上，又把帖子贴在一个山洞口上，在洞口烧了三炷香，就回家了。

陈老大回到家，外面就下起了大雨。两天里，陈老大不住地烧香、祷告。第三天早晨，陈老大起来，抱着试试看的想法，来到洞口。一下子，他被眼前的景象惊呆了，只见一张张簇新精巧的板凳摆在洞口。他高兴极了，跑过去数了数，正是他要的那个数。他不由得跪下向山神磕头，以为是山神真的显灵了。他跑回家，叫来村里的人，将板凳搬了回去。

这是怎么回事呢？原来那天陈老大走后，霎时间，雷电交加，倾盆大雨从天而降。这时，有两个过路的人被大雨淋得透湿，碰巧来到这山洞避雨，看见这帖子，就揭下来，看到陈老大的请求，决定为这里的穷人出点力。原来，这两个避雨的人是鲁班的后人，立志要仿效祖师为穷人做一百件好事，故云游四方，今天正巧路过，看到陈老大的帖子。两人等雨停后，就从山下取材，很快制成了一张张精巧的板凳，放回到山洞。

没几天，陈家热热闹闹，欢欢喜喜地办了喜事，请全村的乡亲们喝了喜酒。陈老大非常珍惜这些板凳，用完后，又如数送还回去。

后来，村里谁家办红白喜事，也都照陈老大的样子写个帖子，写清数目，过两天进洞去拿，用完后又如数归还。这已成了不成文的规矩。村民们认为，这是山神显灵，谁也不能破坏这条规矩。过了许久，不知是哪个贪心的人，把板凳拿走就没送回来，那些板凳也奇怪，没多久就变成了一堆劈柴。打那以后，人们无论怎么写帖子也不管用了。

后来，人们为了纪念这个地方，就取名叫板凳沟。多少年过去了，板凳沟这地名一直沿用到现在。

讲述人：**许殿清**

整理人：**刘丽勤**

大中拔树

在西山八大处山脚下的一个小小的村落里，流传着一个神奇的笑话。

从前，在西山八大处柳溪山庄的土坡上长着一棵很粗很大的老槐树。有一天，一个人围着树绕了整整三圈，这时正好一个叫大中的小伙

◎ 八大处老槐树 ◎

子从这里路过，转树的人便上前问小伙子这棵树有多粗呢？小伙子瞧了瞧他说："你这个人真笨，这还不好算吗？"说完他走到树的跟前使劲一拔，将树连根拔起扛在肩上就跑。小伙子跑了之后，过了一会儿，树的主人知道了，便派人在后面追。

小伙子扛着树跑到了山坡上，正巧遇见了一个老太太蹲在那挖野菜。于是他上前请求老人家帮忙将他藏起来。老太太听罢说："那好办，我把你和你的树都藏在我的耳朵里吧。"于是小伙子与树一起被藏进了老太太的耳朵眼儿里。过了一会儿，天突然刮起了大风，老太太被

风吹到山坡上，等风停了下来。正巧落在山脚下一个吃饭人的碗里，结果这个吃饭人被硌掉了一颗牙。听完这个故事，没有一个人不认为神奇的。

讲述人：**袁　喜**

整理人：**崔秀英**

板凳沟吴二

◎ 西山板凳沟 ◎

　　传说很早以前，北京西山后面有个叫板凳沟的地方，住着一户姓吴的庄稼人，男人名叫吴二。吴二家中有年迈的老母和体弱的妻子，生活十分困难。吴二见家境越来越贫困，说："你们娘儿俩在家互相照应着点，我出去找点事做，这样日子也许宽裕点。"于是，妻子为吴二打点行装送他上路。妻子送了一程又一程，千叮咛，万嘱咐，要吴二挣了钱早日回家。

　　吴二走了不远，就来到了一个叫五里坨的村子，在村口的一棵大槐树下歇息，正巧从村外走过来一个人，身着绫罗绸缎，十分讲究，一看便知是富贵人家的人。他大着胆子上前问道："请问大人，此地可有雇用短工的人家吗？"那人把他上下打量了一下，问："你是哪的人？"吴二回答说："小人家住西山脚下板凳沟，因家境贫穷，所以出来做工，好挣钱养活家里人。"那人见吴二相貌憨厚，身体健壮，便留下他，并对他说："我姓赵，在家排行老四，这一带人都叫我'赵四爷'，雇用你，主要是帮助家中打杂，放牲口。"吴二很高兴，立即答应下来。赵四爷又说："条件是一年为一期，期未满不能回家。"吴二也高兴地应承了。

从此，吴二便在赵四爷家起早贪黑，小心谨慎地做各种杂活，有时还能将工钱托人捎回家中，渐渐吴二心里也就踏实了。

赵四爷见吴二勤快肯干，做事细致周到，也格外喜欢他。时间过得很快，一晃，一年过去了，吴二想期满了可以回家了，就去向赵四爷告假。赵四爷觉得吴二一向勤快，干了一年活甚是不易，所以就痛快地答应了，他除了给吴二工钱外，还给了一块银元宝。吴二感激不尽说："我回去看看，很快就回来给您干活。"

第二天，天刚透亮，吴二就上路了。他归心似箭，走得很急，眼看离家不远了，忽听前面一家小客店里吵吵嚷嚷，哭闹不止。吴二天生善良，专爱帮助落难人，便上前去看个究竟。他问客店的堂官说："店里是谁在哭泣？莫非出了什么事情吗？"堂官叹了口气回答："客人不知道，是我们东家的娘子在哭，只因东家王三嗜赌，把个偌大的家产典当干净，最后连这个小客店和自己老婆全赔了赌债。今天午时，人家就要抬轿子来接人啦。东家娘子伤心不过，在那里哭呢！"吴二听罢甚为同情，说道："还有这等事情，你家主人欠下多少赌债？"店伙计说："那钱可能值一块元宝了。"吴二让店伙计把他带到王三的住处，只见婆婆拉着媳妇，老泪纵横；媳妇舍不得离家，泪流满面。王三许是羞愧，正掩面哭泣，一家人哭作一团，吴二见此情悲惨，决定解囊相助。

正午时分，债主果然抬着花轿来接人，吴二上前问道："如果王三还了赌债，你们还要这店和王三的媳妇吗？"对方回答："王三若是马上还钱，我们立即还回客店与他的媳妇，如果拖延不还，就不要怪我们不客气，若是再不给钱，又不给人，我们就拉王三去吃官司，这样一来，王三就要进大狱了。"吴二摸出东家赠送的那块银元宝问道："可够还那赌债？"债主一见是块上等的足色官银，十分喜欢，连忙说道："这块元宝已经够了，一手交钱，一手还债据如何？"吴二便把那块元宝交给债主，伸手拿回那张债据，当着债主和王三的面就给烧了。这时王三全家立即"扑通"一声全跪下了，对吴二感恩不尽，债主拿到那块银元宝，也满意地走了。

债主走后，吴二又从怀中掏出自己一年工钱的大半，让王三重新开店。王三一家千恩万谢，王三激动地对吴二说："这次得救，全凭兄弟大恩大德，你我萍水相逢，可你却这样慷慨解囊救我全家，今天，我王三适逢破败，无法酬谢，不如我们在此拜个兄弟，日后有什么事情，小弟当竭尽全力。从今往后，我王三一定改邪归正，重振家业。"说罢，就拉着吴二，拜了兄弟。

这时吴二冷静一想，怀中银钱所剩无几，如何回家面见老母与妻子呢？出来一年，不能一文不挣啊！他想来想去，决定还回东家去干活，暂时先不回家了，等再挣些钱再说。吴二托付王三照料他家老母与妻子，自己便要赶路回赵四爷家去。王三一家苦苦挽留，再三劝阻，但吴二还是踏上返回赵四爷家的那条路。

这时，天色已晚，阴云密布，狂风骤起，吴二见马上要有大暴雨，急忙找个避雨的地方，借着闪电的光亮，吴二发现前面小青山上隐隐约约有座庙，他决定去庙里躲一会儿。吴二摸着黑，走进了庙门，这时，雨越下越大，从庙里看去，庙门上像挂了个水帘子。吴二庆幸自己没有被暴雨淋着，这时，折腾了一天的吴二觉得又累又饿，身上软弱无力，想着要是能找到点吃的东西就好了。吴二见洞里黑洞洞的，他摸索到供桌前，运气实在不算坏，供桌上果然有些供品，他便大吃大嚼起来。吃饱了，他坐在供桌上，掏出火石、火绒，点上了一袋烟，又

◎ 石桌 ◎

打了个亮照照四周，发现这是座娘娘庙，他不由地脱口而出："唉，我整年在外，娶个媳妇也无法生儿育女，老母亲一定怪罪于我了，若送子娘娘可怜我吴二，等我再次回家，送个孩子给我，也算我对得起老母亲了。"说着，他朝供桌磕了几个响头，便蹲在一边抽起了烟，不一会儿，就睡着了。

大雨整整下了一夜，第二天他醒来的时候，天已大亮，雨也停了，晴朗的天空，一碧如洗。吴二很是高兴，想趁着天气好，早早赶回赵四爷家。可是，他拿起烟袋，却怎么也找不到他的火石和火绒了，他很奇怪，咦，昨晚还在这香案上抽烟呢，怎么今天火石和火绒就都不见了呢？干脆就别找了，赶紧回去吧。

再说吴二的家中，老母亲和妻子自他走后一盼就是一年过去了，眼看着期满，吴二就能回来了，十分高兴。这天，一大早起来，婆婆对儿媳说："我昨儿晚上梦见吴二回来了。"媳妇也说："怎么这么巧，昨晚上我也梦见他回来了。看来，许是这两天就能回来了呢。"说着婆媳二人就开始忙活上了，她们把屋子从里到外打扫了一遍，干干净净的，又把吴二的床铺好，做了吴二喜欢吃的豆腐菜，等着吴二。可是眼巴巴地等到了天黑，也没见吴二的影子。一连等了三天，婆媳二人心想："许是活计忙，又延期了吧！"说也是奇怪，吴二的媳妇自那晚梦见吴二回来后，就怀了身孕，婆婆和她都很吃惊，吴二一直不在家，怎么会怀孕呢？许是跟那梦有关吧。后来媳妇生下一个粉白的胖小子，一双黑亮亮的眼睛，那模样，甭提多像吴二了。婆婆见后自然也非常喜欢，心想有人烧香，也有求子怀孕的事，也就不再有什么别的想法了，只是一个心眼地疼爱这个胖孙子。这男孩子也有个奇异之处，从一落生，两只手死死地攥着，两个小拳头谁也掰不开。村里四邻都觉着奇怪，可又为吴家添了个胖小子高兴，以此老人们给孩子取了个名儿叫"攥宝"。

吴二一直没回来，可他结拜的兄弟王三却记着吴二的恩德，再也不赌了。不久，王三赚了一些钱，就来到了吴二家中，把吴二救自己的事情告诉吴二的母亲和妻子，并把赚来的钱送还给他们。婆媳二人听了自然为吴二的好心肠感到高兴，以后，那王三常去吴二家，帮助照料家

西山八大处传说

务，周济一些钱财。

话说吴二回到赵四爷家中，一晃又是一年。赵四爷见吴二能干，又守信用，把工钱也提高了许多。吴二离家两年了，心想，这回钱也赚得差不多了，该回家去看看了，那间破房也该修理一下了。于是告别赵四爷，赵四爷虽然心里舍不得吴二，可想到他家中的母亲与妻子，就给足了他工钱，又送给他一块元宝，让他上路。

吴二在回家的路上，又路过王三的客店。王三很高兴，带着全家出来，把吴二迎进家中，摆上许多酒饭招待吴二。王三说："没有大哥的搭救之恩，我王三也就没有今天了。"吴二问起王三家中的老母与妻子可好，王三说："嫂子生了个胖小子，很是可爱。"吴二听了脸上不由一阵发烧，急忙说道："这两年来，我一直没回去，哪来的孩子呢？"王三说："村里的乡邻都传说孩子来历不凡，取名叫攥宝，许是大哥的福气呢。"

吴二听罢忙辞别王三，疾步流星地往家赶。老太太和媳妇见吴二回来了，高兴得不得了，连忙张罗递茶，杀鸡做饭。吴二看到家中收拾得井井有条，日子也比过去富裕多了，听到母亲叙说王三常来周济，心中也十分感动。但一想到孩子的来历没弄清楚，心中又闷闷不乐。媳妇见吴二郁闷，明白了吴二的心事，把那奇怪的梦和怀孕的事告诉了吴二，说着，不由得委屈地落下泪来。吴二半信半疑，老太太见此况，插话说："吴二呀，你媳妇可是个本分人，打你走后，我们娘俩儿相依为命，从不出门。这孩子生得奇怪，可是跟你一模一样，许是你的福气呢，快抱抱这孩子吧。"吴二仔细地看那孩子，果然可爱，黑亮亮的大眼睛，似在说话，他看着看着，不由地从母亲手中接过了儿子，那男孩被吴二抱在怀中，突然两只攥着的小拳头一下松开了，只听"吧嗒"一声，手里的东西落在地上，正是吴二在庙里丢失的火石和火绒。吴二好生奇怪，在庙中的火石与火绒，怎么找也找不到，原来竟在这孩子手中。这时，那孩子突然开口说了话："送子娘娘见你积善有德，轻财仗义，将我赐予你家。"

全家一听惊喜异常，立即跪下，想着送子娘娘连连磕头，感谢她的恩赐。从此，吴二家中生活富裕了，不愁吃不愁穿，又置买了许多田产。攥宝长大后，在京中了状元。后来，吴二全家都迁到京城居住了。

讲述人：**陈玉海**

整理人：**朱克林　杨天煜**

"一片石"的来历

位于八大处最高峰宝珠洞山后，有一个小村庄，叫陈家沟。以前又叫"一片石"。

提起"一片石"，这里流传着一个美妙的传说。

很早以前，这里没有人烟。四处是青石一片，寸草不生，棵树不长，所以叫它"一片石"。有一年，不知从哪儿来了一对老夫妻，姓陈，没儿没女。当走到"一片石"这个地方时，就再也走不动了。老太太说："我说老头子，我实在是太累了，就在这儿歇一歇吧。"

老头儿也着实感到很累，就说："依你的。就在这儿歇一会儿吧。"两位老人坐在青石上，不知不觉睡着了。等他们睡醒一看，天色已晚。老头儿说："我说老婆子，天已到这时候了，我们腿脚又不利索，何不在此住一宿，明天再走呢？"老婆儿说："我看也只能这样了。我们这般年纪，又没儿没女，到哪儿还不是都一样。你快点找些柴火吧，以防野兽。"老两口你烧饭，他围墙地忙了半天，饭还没吃完，天就大黑了。这深山野地的，他们没敢多耽搁就入睡了。睡着，睡着，似乎听到有人叫他们。老头心想，这荒山野岭的，哪来的人呀，以为自己在做梦，翻了个身又睡了起来。没过多会儿，又听到有人在叫他们，并且还清楚地听见叫他们的名字。他们一惊，睁眼一看，吓得目瞪口呆。原来他们看见一个高大的白东西在动，两位老人清醒过来，跪地便拜，不住地磕头，口里念着："饶命呀饶命，我们是规矩人家，从来没干过什么坏事。"这时，忽然听见马的嘶鸣，仔细看来，那白乎乎的东西原来是一匹白马。老头不由地说："咳！是你呀，吓了我一跳"。这匹白马很奇特，高大的身子，雪白雪白的毛，配着镶满珠宝的马鞍非常好看。老两口儿活了这么大岁数，还是第一次看到这么神奇的马，简直乐坏了。便赶紧起身去牵它。只见这匹马走了几步，又在地上刨了几下。他俩很纳闷儿，走过去一看，地上有一个布包儿，在不停地晃动，两人谁也不敢靠前。心想："莫非今天真遇上鬼了？"突然，包里传来婴儿的啼哭，他俩赶紧提起布包，打开一看，果然是一男一女俩小孩儿，老两口惊喜万分，一人抱起一个，又是亲又是爱。他们笑眯了眼，心里乐开了花，真好似孩子一般，正在这时候，白马开口讲话，说："玉帝见你们二老没儿没女，很是孤独，特赐给你们一对娃娃，望你们子子孙孙都住在这里，靠着劳动把这一片荒石沟变成个人丁兴旺、生活富裕的山村，望二老多多保重。"说完就腾空飞走了。

老两口此时才明白，赶紧跪拜，连磕了三个响头。说："玉帝呀，我们遵照你的旨意，哪儿也不去了，就在这儿安家立业，子子孙孙住在这里。"后来，老头和老太太的子孙们，果然把这一片青石沟，开创成了美丽的家园。这就是"一片石"村的来历。

搜集整理：吴　青

薛老大巧斗狐狸精

北京西山八大处一带流传着这样一句顺口溜："天不怕，地不怕，就怕下庄薛老大。"关于这句顺口溜的来历，相传还有一段神奇故事呢。

那是很久以前，西山深处有个荒无人烟的山谷，那里兽迹遍野，狐狸成精，阴森可怖，因而得名"骚谷岭"。"骚谷岭"是狐狸的天下，白天它们经常成群结队地出没山里，到了夜里，一阵阵撕心裂肺的嚎叫声震得山谷都打战。

一天，山脚下有个叫下庄的村里突然骚动起来，说是"骚谷岭"的狐狸来啦。有人亲眼看到那狐狸精带着大大小小的狐狸到村里偷鸡摸狗，那狐狸精还经常变幻成人，谁要是让它勾上，便失魂落魄，一命呜呼。这下，全村可就乱了，人们整天整夜躲在家里不敢出门，只能仰天叹息，向菩萨求助。大片的土地荒芜了，眼看着全村人就要挨冻受饿，这时候，有个叫薛老大的猎人，他看全村人被狐狸精折腾成这样儿，气得咬牙发誓道："不杀死狐狸精，我薛老大誓不为人。"

话说这一天下午，薛老大正在院里擦火枪，忽见门口站着一位娇艳女子。那女子柳叶眉，杏核眼，樱桃小口一点点，手里握把小宫扇倚在门边。薛

◎ 西山八大处山中村落 ◎

老大好不奇怪，这娇艳女子怎么从来没有见过呢？他正在纳闷儿，那女子说道："小女子本是黄村人氏，只因今日是爹爹的祭日，特来上坟烧香，途经此地，口渴难忍，只望好心的大哥赐碗水喝。"说完，朝薛老大送来妩媚的一瞥。薛老大听罢，忙装好火枪进屋倒了碗水，递与那女子。女子接过水，并没有急于去喝，而是和薛老大拉起家常来。当她得知薛老大已年三十尚未娶妻时，便百般殷勤起来，一会儿哭诉爹娘死得早，自己孤苦伶仃，一会儿又夸薛老大本分勤快，把个薛老大说得好不乐哉。可他转念一想：她爹妈死得这么早，这小小的弱女子怎么在世上熬过来的呢？正想着，就听街上呼天喊地，一片嘈杂声，接着是一个老太婆的哭声："我的儿呀，你怎么好端端的就死了呢？丢下我可怎么活呀！"薛老大赶紧跑出门去看个究竟，只听那老太婆呜咽着说："头晌有个上坟的娇艳女子来家里讨水喝，那小女子说家里什么人都没了，孤苦伶仃，我见她可怜就收养了她，这样，我儿子也不怕找不到媳妇了，她也答应了，说是回家收拾东西，可谁知她刚走一会儿，我那苦命的儿子就大喊大叫起来，说是阎王爷在叫他，耽搁一会儿，阎王爷会怪罪他的，说着说着，就没了气了，呜呜呜……"薛老大一听，想起自己家院里的那个女子，大叫一声："好你个狐狸精，险些骗了我薛老大。"说着，飞快地跑回家里，可是晚了一步，只见墙头上一只毛茸茸的尾巴一闪就不见了，他抄起火枪，跳过墙头追了上去。

那女子果然是狐狸精变的，她在院里左等右等不见薛老大回来，便想在门口看看，可刚一探头，就见薛老大急急忙忙地往回跑，想必不妙，就上墙头夺路而逃。

薛老大穷追不舍，可总也追不上。狐狸精想甩掉薛老大，可甩也甩不掉，就这么追呀，逃啊，一直追到狐狸的老巢"骚谷岭"。狐狸精钻进一个碗口大的洞里，薛老大追到这儿怎么也寻不见，直找了三天三夜，才忽然发现这个小小的洞穴。薛老大顿时明白了，狐狸精必是藏在穴中。可是怎么才能让狐狸精出来呢？薛老人左思右想，终于想出了一个好办法。

再说那狐狸精被追得疲惫不堪，对薛老大又恨又怕。它在洞里来回窜着，每窜到洞口，看到薛老大那杀气腾腾的目光，就吓得动弹不得，后悔没把这洞修成两个洞口。但它一想："这个人还是本事不大，如果我不出去，他也没办法。"又想到自己的"八闪翻儿"（传说中的一种解难排险之物）宝物的法术已经运用自如了，若能躲过雷击，就不怕薛老大了。想到这儿，它越发得意起来。

就在狐狸精得意之时，一颗大火球忽然向它滚来。跟着，又滚进了一个火球，狐狸向旁一滚，躲过了火球。不料，那火球打到洞壁上又弹了回来，这时，第三颗火球也滚进洞来，吓得狐狸精趴在地上一动不动。这三颗火球撞到了一块儿，"轰"的一声整个洞穴着火了。狐狸精大叫一声窜出洞穴，没命地奔跑起来，心想："薛老大这是用的什么招数，把我硬逼出来的呢？"

原来，薛老大射出三支火球箭，这火球箭遇到墙壁就能反弹回来。那狐狸精被这一吓，果然魂飞胆破地跑了出来。可薛老大万万没有想到，这狐狸精会窜得那样快，只见洞口红光一闪，转眼工夫就不见了。薛老大气得又拼命追起来。

他们翻过一山又一山，跳过一处十几米宽的水涧。正在这时，天

◎ 八大处山中水涧 ◎

空由西飘来一片黑云，紧跟着，狂风四起。薛老大一喜："哈哈，想必是雷公来助我之威了，狐狸精你死到临头了。"狐狸精一看，知道自己要遭雷劫，临大难了，便拿出"八闪翻儿"来准备迎战。它看了看四周，丛山环绕，只有不远处有棵大树，树底下有个空洞，刚好能容下身子，它便钻了进去。急忙取出"八闪翻儿"罩住全身。它刚藏好，一个霹雳把大树劈开。狐狸精顶着"八闪翻儿"惊恐地从洞内跳了出来，响雷一个接一个地在狐狸精左右炸开，可就是劈不着它。薛老大看到这儿急中生智，拿出了打猎的本领，他在山上迅速地设下了一个又一个兽夹子。那狐狸精还是拼命奔跑着，边跑边用"八闪翻儿"抵挡雷的劈击。心想，雷公的霹雳只有十招，只要躲过十串霹雳，就能保住性命了。正在这时，又是一串雷劈向狐狸精，狐狸精知道这是最后一击了，就拿起"八闪翻儿"迎了上去。只听"嗷"的一声长叫，狐狸精被兽夹紧紧夹住，"八闪翻儿"被甩出老远老远。这时，最后一串霹雳响了，这个干尽了坏事的狐狸精终于被雷公劈死了。

黑云里"唰"的一下放出一道白光罩住了狐狸精，狐狸精被卷走了。这道白光渐渐地移向"骚谷岭"。刹那间，山上的狐狸都被卷走了，从此，这一带再也没有狐狸了。

搜集整理：朱克林　杨天煜

贪心的打柴人

很久以前，西山八大处脚下住着个勤快的年轻人，他以打柴为生，每天把辛辛苦苦打下的柴卖掉，换回所需要的粮食和衣物。打柴所卖的钱甚少，吃了上顿没下顿，所以他一天也不敢间断。

这天，他打柴来到西山口，天气十分燥热，汗水不断往下淌，浸湿了他的衣裳。他口干舌燥，渴得要命，便放下柴刀，到处寻找水喝。突然，他发现在前面不远的地方有口水井，于是便三步并作两步地赶忙跑了过去。可是，往井里一看，他失望了，原来，那是一口一滴水也没有的枯井。当他刚要抬脚走开时，忽然从井底传来一声悲哀的呼救声："好心的大哥，求求你，救救我吧！"年轻人往井下仔细一瞧，原来在井底盘着一条银白色的小蛇。只见那小蛇干渴得浑身战栗，细弱的身子变得像纸片一般透明，蛇芯子吐得老长，看样子，很快就会死去。年轻人问道："你是怎么掉到这口枯井的呢？"小银蛇说："好心的大哥请听我慢慢说，我本是海龙王的太子小白龙，只因尘世久旱无雨，天公命我降雨与人间，可我传错旨意，竟降了七七四十九天暴雨，淹没无数良田，淹死无数黎民百姓。故玉皇大帝罚我，将我困锁在这口井中受罚已经七七四十九年了，今天才碰到大哥，望大哥搭救，日后必将重重答谢。"年轻人心软了，十分同情这条被困锁的小白龙。他解下捆柴的绳子，放下井中，让小白龙盘在绳索上，把他救出枯井。小白龙从井中被救上来后，一阵青烟，变成一个身穿白衣白甲的英俊少年。打柴人忽然觉得口中更加干渴难忍，就问小白龙："要是能寻点水来解渴就好了。"小白龙说："这有何难，大哥请随我来。"

打柴人跟着小白龙走到一个很小的山洞，洞口长满了荆棘，不注意是看不到的。只见小白龙向洞内一指，一股清凉的泉水便顺着石缝潺潺流淌出来。打柴人立即走过去，趴在石缝上喝了个痛快。这时，他抬

◎ 证果寺下泉眼 ◎

头一看，小白龙不见了，他四下寻找，结果只找到了洞内小白龙留下的三十吊钱。年轻人知道这是小白龙对他的答谢，于是把钱揣在怀中，柴也不打了，高高兴兴地下山回家了。

打柴人靠这三十吊钱生活了几日，有吃有喝的，自在极了。上山打柴的事已被他忘到了脑后。可是过了几日，钱花完了，没有办法，他又不得不担上柴担，拿起柴刀，上山去打柴。

当他来到西山每日打柴的地方，又想起了搭救龙王太子小白龙的事情经过，他越想越觉得小白龙给的钱太少了，不禁又去寻找那个山洞。他没怎么费事，就找到了那个小山洞，发现洞口还放着三十吊钱，他一看乐了，急忙扑过去拿起地上的钱，揣在怀里，连柴也没打就回家去了。打柴人靠这三十吊钱又过上了有吃有喝的日子，等钱用完了，他就去山洞里取钱。说也奇怪，他每次取钱，洞口都有三十吊钱放在那儿。于是，打柴人非常得意，觉得福从天降，从此有了这用不尽的钱，再也不用进山砍柴了。他扔掉柴担，丢弃了柴刀，过起了懒散舒心、不劳而获的日子。

西山八大处传说

　　可是，打柴人万万没想到这从天上掉下来的钱竟还有用完的时候。有一天，打柴人又来到那个山洞口，发现洞口，一文钱也没有了，他正在纳闷儿，抬头看见面带怒容的小白龙。打柴人上前质问："小白龙，为什么今天洞口不放钱了？"小白龙说："你救了我不错，为了报答你，我送你几吊钱用，为的是让你有吃有喝，不再发愁那吃了上顿没下顿的苦日子。可你误解了我的好意，变得懒惰贪心，连柴也不打了，再给你钱，岂不坑害了你。"打柴人一听急了眼，对小白龙说："当初是我救了你，你应该给我搬一座银山，让我过一辈子舒服日子，可你却小气得很，每次只给三十吊钱，害得我隔个三天两日就得跑一段山路。今天跑到这里，索性一文不给，可见你是个过河拆桥的小人。"小白龙一听气极了，他万没想到搭救他的恩人，是这么贪得无厌，这么不可救药，他本想规劝打柴人不要过这种不劳而获的日子，可打柴人竟一味执迷不悟，于是小白龙气愤地用手一指打柴人，那打柴人一下子变成了一块巨石，趴在洞口，好像在等那三十吊钱呢。而小白龙从此回到龙宫，再不到凡间露面了。

　　据说西山八大处后面，还能找到当年小白龙点出泉水的那个小山洞，洞口真有一块人形的巨石趴在那里，这就是那个贪心的打柴人。

讲述人：靳玉荣

整理人：吴　青　朱克林　田　飞

金牛山与金顶山

位于石景山的翠微山脚下，有一座小山，叫金顶山。听过去的老人讲，这山原先叫金牛山。提起金牛山，还有一个有趣的小故事呢！

在很久以前，相传在这座山上有一个石洞，洞里有很多金银宝物，洞口内有一头金牛看守着。金牛山因此而得名。这座山下，住着

◎ 西山八大处荷花池 ◎

一个老翁，无儿无女，一生勤劳耕作，对人很和善，余暇时经常上山采药，为村民治病。

有一天，他又上山采药。满山遍野地转来转去也没采着一棵，走了一天的山路身体很是疲劳，就在一个山洞前休息了一会儿。突然他看见眼前一片荷花盛开，荷花上跳动着一个小娃娃，这娃娃三跳两跳，就跳到山坡上，山坡的一片花草里闪着金光，小娃娃冲进金光里

西山八大处传说

就不见了。采药的老翁觉得奇怪，就过了荷花塘往上坡上寻去，他扒拉开花花草草，突然一个洞出现在眼前，洞里发出了一道道金光，耀得他两眼发花。他揉揉眼睛，仔细一看，好家伙，满洞都是金器，有金人、金鼎、金豆……洞口内有一头金牛，刚才跑进来的小娃娃也变成了个金娃娃在捡金豆子呢。老翁见此景，吓得没敢多待，掉头就跑。

回来后，老翁向村里人讲了这件事，有人说："你真傻，见财宝不拿，真是个呆子。"过了不久，一天，天气闷热得使人透不过气来。老翁坐在门前纳凉，突然刮起一股风，他立刻感到爽快多了，恍惚中好像又看见了荷花塘里的那个小娃娃。他揉揉眼睛，小风刮过去，只见一叶小草落进了窗台上那口药锅里。因几天没有采来药，一直没用它，老翁自然没去理会。这天晚上，周围很静，忽然一声巨响，把老翁从梦中惊醒，只见窗外的药锅里，一闪一闪地放射着金光。老翁有些奇怪，他起身向窗外走去，想仔细瞧瞧，可还没等他到跟前金光又没了，只见药锅里那叶小草长大了许多。第二天，他又把这件怪事对村里人说了，有人说："这肯定是棵仙草。"老翁听后很高兴，从此，他每天细心照料这棵小草。

有一天，一个外地人来到老翁的门前，直勾勾地盯着那棵仙草，然后闭起双目念了几句，就向老翁走去，他躬身施礼道："这位老丈，你把这棵草卖给我吧！"

老翁见他冲那仙草而来，便直言拒绝道："不卖。"外地人看他不卖，就苦苦央求老翁："因我家中有一老母病重，我东奔西跑就是为了寻求这棵草药。求老丈开恩，卖给我吧！"说罢掏出十锭银子送到老翁面前。老翁听完，觉得这人还有孝心，便答应了，但执意不肯收他的银子，外地人见老翁答应了，又不要银子，心里很高兴。临走时对老翁说："这草药还嫩小，过些时候我再来取。"

由于老翁为人善良忠厚，他真以为那外地人是为老母配方而来，就更加细心照料仙草，等他来取。

这天，雷声阵阵，黑云滚滚，老翁怕狂风暴雨摧毁了仙草，就把它端到了屋里。雨停了，老翁又把仙草端了出去放在窗台上。

三十天后，那外地人果真来了，看那仙草还在，心里一阵狂喜，然后对老翁说："今天我该把仙草拿走了。"他正要拿，发现这药锅挪动过，他正要发问，老翁解释道："前几天风雨很紧，怕淋坏这棵草，我就挪到屋里……"没等老翁说完，他说声不好，拔下仙草就往山上跑去。看着他慌张的样子，老翁十分疑惑。便跟随而去，想看个究竟。

这外地人真是要仙草配药吗？不是。他走南闯北就是为了寻找金银财宝。他听说这山上有宝洞，就来到此地，但洞口有金牛把守无法进去。又打听到老翁家有一棵仙草，可降服金牛，只要金牛一叼上它就动弹不得，不用费力就可得到那些金银财宝。为此外地人来到老翁家，撒了个谎，骗取了仙草，哪知那仙草被老翁挪动后就失去了灵气。那外地人三步并作两步跑到洞前，将仙草抛向金牛，金牛一惊，叼起仙草，收起全部金银财宝跑进了山洞，不见了。后来，金牛山不知什么时候就改成了金顶山。

搜集整理：**刘庆刚　杨金凤**

在西山八大处后山有个满井村，满井村有个京西闻名的满井茶棚，是旧时到妙峰山上香的队伍歇脚的地方。满井村还有座和尚坟，和尚坟

◎ 满井茶棚（屈丽摄）◎

里埋的是桂芳和尚，桂芳和尚生前是在八大处修行，据说曾经和乾隆皇帝斗过法。

乾隆听说西山有个桂芳和尚，外号叫"阴阳李"，这人本事大，京城有名。乾隆有点不服气，想跟桂芳和尚比试比试。

这天，乾隆没坐轿，也没兴师动众叫随从，微服来到京西，在一块坟地上的四个角埋了四个大铜钱，派人把桂芳和尚找来，叫他看看这块坟地。

桂芳和尚二话没说，心想，"你这是考我呀？我要是不露点真本事，不就栽了？"只见桂芳和尚找来一块大木头，一劈四块，接着把四

块木头削成了四个木橛子，削完，东南西北走了一圈，把四个木橛子往坟地的四个角一钉，这四个橛子不偏不倚，准准儿地钉在了乾隆埋好的四个铜钱的钱眼里。

一边看着的乾隆还真吃惊了，心想："看来这人本事确实不小啊，还胜过朕了。"乾隆依然是不服气，叫人来挖好坟地的坑说："这块坟地下葬是在子午时，从南往北，是个穿红挂绿的！"

桂芳和尚一算计，乾隆这是要害人啊，忙说："起开！这块坟地下葬是在子末时，从南往北来，穿着红的，挂着绿的！"

两人都说完了，就在这坟坑一边等着。果然到了子午时，从南往北来了一个刚结婚不久的小媳妇，穿着红袄绿裤子，骑着毛驴远远过来了，乾隆要拿她下葬，这女的走到这儿就得死啊。大伙儿都揪着心等着。

桂芳和尚早给这小媳妇往后错开了一个时辰，小媳妇骑着小毛驴打这坟边上安安稳稳地过去了。乾隆一看，傻眼了："这是自己的法术让桂芳和尚给破了啊？"

又等了一会儿，子末时到了，什么也没来，乾隆正要说什么，只见从南往北飞来了一只绿毛红爪的啄木鸟，飞到坟坑上边，吧嗒一声，就掉坑里了，乾隆往坑里一看，鸟死了。乾隆张着嘴半天没吭声。

人们说桂芳和尚用一只鸟换了一条人命，救了骑毛驴的新媳妇，使得乾隆的法术失灵，闹了个倒憋气。从此乾隆和桂芳和尚结下了仇，等桂芳和尚圆寂后，就不准给桂芳和尚建塔。

来源：《北京地方志·石景山卷》
整理人：**杨金凤**

卖马蜂的陈二

陈二有个儿子，爷俩靠在翠微山上养蜂过活，到满山鲜花都开的时候，采了蜂蜜到城里卖。陈二的儿子三十好几了，还没娶上媳妇，陈二

◎ 八大处山脚下养蜂蜂箱 ◎

打算今年攒够了卖蜂蜜的钱给儿子把媳妇娶了。

第一天，陈二的儿子从城里回来，一脸伤，还瘸着腿，卖蜂蜜的钱一个子儿都没拿回来。陈二一问，才知道让守城门的门丁儿给打了，还抢走了蜂蜜，说是陈二家的蜂蜜里不干净，有苍蝇。陈二心里明白，这是门丁儿犯坏，趁着儿子不注意往蜂蜜里扔了苍蝇。陈二也六十多了，老婆死得早，儿子又娶不上媳妇，说着说着就哭开了。

一个穷养蜂的，没别的办法，第二天，陈二只得自己把蜂蜜装进篓子里，驮在小毛驴背上，下了翠微山。

刚到山根儿，一个背着布袋子的胖和尚正跟一个拉毛驴的吵架。拉毛驴的嫌胖和尚太胖，压坏了他的毛驴，不拉他，要拉也行，给双份的钱。那胖和尚一生气，自己就要过河滩，往大路上走。陈二一见，这胖子还瘸着腿，就心生怜悯，走到胖和尚跟前说："老弟，您要不嫌弃我这毛驴子瘦，就给您驮过这河滩去？要不水把您这伤腿打湿了，大夏

天的，再化了脓。"说着，陈二把蜜篓子自己背上，把瘦驴让给胖和尚骑。

胖和尚也不推辞，一抬腿上了瘦驴，只见那驴四条腿就打了个大弯，险些折了。陈二这心疼啊，自己家里除了俩活人，就这头瘦驴是值钱的物件了。可也怪了，这瘦驴一身的大汗，可脚下嘚嘚嘚走得飞快，不一会儿就到了西直门的城门口。

陈二老远见了守城门的门丁儿就嘴上唠叨："阿弥陀佛，阿弥陀佛，观世音菩萨保佑啊，别再让他们坑了我的蜜呀。"

"站住！把篓子放下，检查！"

陈二哆哆嗦嗦把蜜篓子搁地上，鸡啄米一样点头："官家，这蜂蜜绝对是好蜂蜜。"

门丁儿："好蜜？我们查了才算。看看，有没有苍蝇！"

话没说完，俩门丁儿弯腰去打篓子，篓子口刚一掀开，"嗡"的一声，几百只马蜂飞出来，直冲着俩门丁儿的脸上飞去，一顿乱蜇，这俩门丁儿鬼哭狼嚎。

陈二傻眼了，怎么好端端的一篓子蜂蜜，转眼成了马蜂了呢？

一直跟旁边不说话的胖和尚这下子说话了："官家，我弟弟从前卖蜂蜜，从今天起，开始卖马蜂了。"

陈二收拾东西反身要回京西翠微山，搭脚的胖子说："你把蜜篓子打开再看看，还有蜂蜜没有？"

陈二弯腰打开篓子低头一看，更傻眼了，篓子里满满的蜂蜜。他赶紧把篓子盖好了，想问问胖和尚是怎么回事儿，他一抬头，胖和尚早就无影无踪了。

据说这背着布袋子的胖子，是大悲寺里的弥勒，头天他听到陈二和儿子的话，就想帮他们。到了西直门城门口，他把蜂蜜变成了马蜂，从此以后，西直门看城门的门丁儿一见到陈二就躲得远远的，说："卖马蜂的陈二又来了。"可他们也不想想，谁家买马蜂呢？

搜集整理：**杨金凤**

白石头发光

通往香界寺的路上有一座白石桥，关于白石桥的来历，还有一段传说。

◎ 通往香界寺石桥 ◎

很久以前，皇帝下令修平坡大觉寺（今香界寺），需要大量的汉白玉，平坡山上没有汉白玉，就得从很远的地方运来再搬到山上。

住在山上的一个年轻人，一直建不起房子，看见这么多白白的发亮的石头，喜欢得不得了，就悄悄地搬回家一块当饭桌。说也怪，自从这白石头饭桌放到屋里以后，他晚上都不用点油灯了，屋里亮堂堂的。

年轻人一想，我要是用这白石头建一个屋子，一定跟水晶宫一样。就趁夜里看石头的和尚睡觉的时候，偷偷来搬石头。看石头的是一个十几岁的小和尚，这天晚上，小和尚就躺在一块汉白玉石头上，等搬石头的人一来，小和尚突然起来，用绳子把搬石头的人绑在一块汉白玉上。搬石头的人说，我搬点石头你也管，又不是你们家的。小和尚不听他解释，说你这叫偷盗。搬石头的说这石头没名没姓，你管不着。

小和尚起身离开了，这搬石头的人嘴硬也没用了，连着三天没吃没喝，最后有气无力地喊小和尚："我是偷，我是盗，你放了我吧。"小和尚说，放了你可以，你得跟我学三句话。搬石头的一听，你不打我，也不骂我，不就学三句话吗，就点头答应了。

小和尚让搬石头的跟着他喊了"皈依佛""皈依法""皈依僧"三句话后，就无影无踪了。搬石头的说："你别走啊，给我解开绳子啊！"喊了半天不见小和尚，自己就试着挣脱绳子，他这一动才发现，自己身上什么也没有，根本没什么绳子捆绑。

搬石头的昏昏沉沉地回到了家里，发现自己的家已经变成了一座汉白玉的大屋子，他就坐在屋子里静想那个小和尚。

这时，山洪暴发了，滚滚的山洪水冲下来，他看见那些运白石头的民夫在山谷南边水中挣扎，搬石头的只觉得自己浑身来了一股子劲儿，把屋子推倒，把石头推下山坡，那些石头不用他码放，就安安稳稳地在寺前的山谷两端搭起一座白石桥，那几十个抱着树泡在水里的民夫互相搀扶着上了石桥，爬到现在香界寺的大平台上，躲过一劫。据说，搬石头的年轻人后来就在此出了家。

也有人说，到香界寺必须过的这道山谷，以前是用大树搭起的桥，宫廷里的人怕来避暑的皇帝经过这里翻到水里，就在此修建了坚固的白石桥，还在从白石桥到山门的两侧修筑起了红色的矮墙。

搜集整理：**杨金凤**

大悲泉

从西山八大处往西北走十多里，有一处掩映在青松翠柏下的老爷庙，庙里有四眼泉，这四眼泉水各有说法，各有特色，四眼泉眼均相隔一百多米，别看就差这么远，那水喝起来可不一样。

进山门不远处有一个水帘洞。这是进老爷庙以后的第一个泉眼。水帘洞被收进一个雕梁画栋的房子里，进入室内人们首先看到的是一尊观世音菩萨坐像，坐像下有一眼清泉，人们都叫它大悲泉。井内泉水清可见底，虽然前来打水的人络绎不绝，但水位一直保持在稳定的位置，大约距地面一米五左右。人们之所以千里迢迢来这儿饮水，是因为传说此泉水可以治病、消灾。

传说观世音菩萨有一次云游时经过此地，行至天泰山时，忽然听到山下潭峪村内传出哭声，只见一个小伙子跪在炕前，炕上一位老太太已经奄奄一息。小伙子嘴里不停地叨唠着："娘啊，我没钱给您治病，要是能给您点水喝也行呀，村里连丁点儿的水都没有，老天爷又不下雨，娘啊，儿子救不了您的命，就让我和您一块去了吧。"小伙子一边哭喊一边举菜刀。

只见观世音菩萨轻轻地挥了一下手中拂尘，小伙子手中的刀落了地。接着他隐隐约约听到屋外传来喊叫声："山上有水了！山上有水了！"

小伙子抱起罐子就往山上跑，到水帘洞外四处寻找水源，突然他听到了哗啦啦的水声，沿水声寻去，发现水帘洞里端坐着观世音菩萨，这里原来没有这尊菩萨的，什么时候有的呢？小伙子不禁纳闷儿起来。他赶忙跪下给菩萨磕头，看见一股清水从菩萨座位下的一眼泉中淌出来。他舔舔干裂的嘴唇刚要喝，突然又停住了，将罐子灌满了水，放在一边又给菩萨磕了个头才抱起罐子往山下奔。回到家，他给娘灌下小半碗水，不到半个时辰，他娘就睁开了眼睛，身上一点都不难受了。

这消息不胫而走，得了各种疑难病症的人都到这里来求水，人们说这水是从观世音菩萨的净水瓶里流出来的。不过这里的水不是能治所有人的病，比如不孝的、心地不善良的人，即使喝了水也不管用。为什么后人都管这眼泉叫大悲泉呢？就是因为小伙子孝敬老母，大慈大悲的观世音菩萨怜悯他的一片孝心。

搜集整理：**杨金凤**

飞龙救母

　　小西山有个村子叫潭峪村，在这村的东山腰上伸出一个挺大的平台，平台上就是远近闻名的慈善寺，村子北边是高高的挂甲塔山，村西是卧牛台山，西北角是荐福山，西南是小青山，潭峪村在众山环抱之中，犹如青山捧珠。

◎ 潭峪村 ◎

　　村内有山泉，泉水汇集成潭，得名潭峪泉。这个潭的形状很像水井，在泉的旁边还有一棵古柏，泉的一侧是数十米高的峭壁，另一侧为十几丈深的悬崖，泉在悬崖之上，但泉水无论怎样流淌都不会流到山崖下，可谓奇绝的景观。

　　这眼泉一年四季各有特点，隆冬季节不会冰冻，春季之时不会干枯，夏天雨水量再大也不会溢出，秋高气爽的时令更不会缺盈。附近的人们都管它叫宝泉，潭峪村的人就靠宝泉的水生息繁衍至今。

　　现在的潭峪村东南角有一个大缺口，传说这个缺口是飞龙救母的时候留下的。很久以前潭峪村的潭峪泉是在村子里的，只住着一户人家，家里的老婆婆七十多岁，可她的儿子只有六七岁，这个儿子是老婆婆在一次滂沱大雨过后，从村外的一棵大松树下捡的。

老婆婆给孩子起了个名字叫龙儿。龙儿什么家务活都不会干，什么世间的礼节都不懂，老婆婆一点点耐心地教他。

龙儿有一个致命的毛病就是怕火，所以一到老婆婆做饭的时候，龙儿一个人就跳到潭峪泉里洗澡，春夏秋冬年年如此。

老婆婆每顿做好了饭菜都先让龙儿吃，龙儿人小，可胃口大得邪乎，一碗不喊少，一锅不嫌多。老婆婆每次让龙儿吃完饭出去玩，自己把锅唰唰喝点刷锅水，捡点龙儿的剩饭菜填肚。

一天，龙儿吃完饭出去玩忘了带小铲子，他蹑手蹑脚回来，怕吵醒老婆婆睡觉。悄悄推开一点门缝，发现老婆婆在喝刷锅水，龙儿很奇怪，以后他又偷偷看了几次，才发现老婆婆吃剩饭的秘密，从此他吃饭总是要多剩下一点，可老婆婆在一边不停地催促着他多吃，龙儿心里很难过。

这天早晨，龙儿对老婆婆说："婆婆，我要到山外面去几天，我给您带很多好吃的东西回来。"龙儿说完就跑到了潭峪泉边，一纵身跳了下去，老婆婆赶到，连龙儿的踪影都没有了。老婆婆夜以继日地在泉边等待，泪水哭干了，晕倒在潭峪泉边。

十天以后，龙儿回来，发现婆婆倒在潭峪泉边，不论他怎么呼喊婆婆都不睁眼，龙儿大声地哭着，把婆婆背在背上，带婆婆到山外治病。

龙儿的泪水越流越多，整个潭峪村变成了一个几百米深的大水潭。龙儿背起婆婆猛然一冲，不料冲出了一个山口，潭峪中的水汹涌地沿着缺口滔滔不绝地喷涌出去，把东南边的天泰山的一角冲出七八里地，成了现在的黑山头；把另一块冲出去十里地，成了现在的石景山。潭峪村的水一直滔滔不绝地奔流，流成了通天河，龙儿就是沿着通天河回到天上去的。

讲述人：王　攀

整理人：杨金凤

村落传说

万善桥

离八大处不远的地方，有一处黑龙沟，金章宗曾在此建双泉院，并建祈福宝塔于寺北。到了清光绪九年（1883年）有慈禧的近侍太监刘诚印重修该寺，且在此寺的东隅黑龙沟的挑湾处，重修了一桥，它便是万善桥。万善桥是一座长十八米，高八米的单拱青石结构桥，很像颐和园内的玉带桥，如虹卧波，标致喜人。在青石护栏的外侧，雕刻着"万善桥"与"光绪辛卯重修"等字，至今已有一百一十年的历史了。

◎ 万善桥（屈丽摄）◎

万善桥原来是一座没有弧度的桥，是连接养马场、板凳沟与陈家沟的要道。从前，每年农历三月十五、十六、十七为天泰山庙会，赶庙会的人从北京西郊，登青龙山，渡万善桥，达天泰山，也是一条进香路。由于沟深流急，桥工未善，常有人溺水身亡。因此，明万历十年（1582

年）十一月初一，僧人圆喜造接引石佛一尊，以祈佛助，至今犹存。

　　建桥的贾五、贾二两位石匠，以他们的高超技术建成这座美丽坚固的单拱石桥后，将包工剩余的一千两白银归还了原主。刘诚印认为他二人笃实憨厚，便让他俩看管双泉寺，直到逝世。

搜集整理：关续文

村落传说

飞霞女

Intangible Cultural Heritage Series

非
物
质
文
化
遗
产
丛
书

西
山
八
大
处
传
说

◎ 古香道 ◎

很久以前，京西古香道从西山八大处东边的青龙山的山间经过，这条古香道上有一座桥叫万善桥，将青龙山的福惠寺与天泰山的慈善寺连成一线，成为旧时京西进香的必经之路。

过去，石景山被称为京西的宝地，香会很盛行，许多善男信女到天泰山进香，每到这时京东八县的人都云集天泰山，高跷会、狮子会、秧歌会等纷纷上山。上天泰山的道路有好几条，可众多的人都直奔一条路，这就是慈善寺东路。一条古道在翠屏流泉的山间起伏蜿蜒而过，经门头村到陈家沟，翻南大山坡过万善桥，拜桥头接引佛，经双泉寺至天泰山。

传说万善桥是一个救夫心切的女子感应了上天才架起来的，一个秋天，一个衣衫褴褛的女子千里迢迢从遥远的南方来，她嘴唇干裂，面色黄瘦，赤裸的脚鲜血淋淋。当她走到南大山坡下时，被一条深十多米，宽30多米的深谷拦住了去路，谷中洪水滔滔。

女子跪倒在地，对着上天说："我是飞霞，走了半年的路才来到这里，我要在明天天亮之前赶到慈善寺进香，才可以救我丈夫的命。求求大慈大悲的观世音菩萨，指给我一条到天泰山的近路吧，如果能在明天天亮之前上了香、救了我丈夫，我愿从此一生一世敬奉菩萨。"

飞霞说完闭目跪拜，第一拜时她听见远处传来隆隆的滚石声，飞霞没有睁眼，她听人说过，在求菩萨的时候要闭目静心；第二拜的时候她感觉自己被一股子冲力向后推了几米，仰面跌倒在地，乱石飞过来砸在身上一阵钻心的疼痛，飞霞依旧没有睁眼，她只是用手摸了摸脸，感觉有热乎乎的血从脸上流下来；飞霞三拜的时候发现自己磕头的地方已经不是土地，而是石头地了。磕完三个头站起来，睁开眼睛，她的眼前一座彩虹般的石桥架在了深谷之上。

这个桥只有十七八米长，宽有三米左右，雅致精巧地横跨在两岸之间，桥基和桥拱从上到下全部是石头砌的，非常坚固，任汹涌的洪水滔滔而下却安然无恙。桥的两面是五光十色的石头砌成的桥栏，石头被阳光一照，一闪一闪地散发出夺目的光环，把整个山谷照得色彩斑斓，山上斑驳美丽的枫叶一下子全变了色，红透了天际。

飞霞小心翼翼地走到桥上，看见桥的南面外侧桥栏正中镶嵌着一块长方形的汉白玉石额，上面有三个银光闪闪的大字"万善桥"，在石额下方不远处是一个青黑色石狮子头，瞪圆了眼睛俯视着深谷的洪流，那神态犹如正在吸纳百川，非常威严。过了桥，飞霞沿着山路继续前行，往西北大约走了五里多路上了天泰山。第二天早晨天亮之前她烧过香，许完愿后，就从原路退回到了万善桥。

飞霞来到离桥几米开外的北大山坡下，坐在一块石头上。这时天上大雨滂沱，可飞霞依然纹丝不动，她盘腿而坐，神情宁静、安详。过路的人发现了这里新添了一座桥特别喜悦，过了桥看到桥北头的石台上坐着一个端庄的女子，容颜如玉，神态安然。这个消息很快传遍了十里八村，人们在飞霞坐的石台上方修了一个石拱，从此把桥头的飞霞叫成了接引佛。佛旁边种了两棵松树，如今人们能看到两株合抱粗的古柏，对称而生，传说是飞霞的丈夫知道飞霞在这里打坐就来这里陪伴她。

来万善桥旅游的人还能够看到两株柏树拱卫着一块巨大的花岗岩石，岩石右下角刻着"万历十一年十一月初一"等字样。此后，人们到慈善寺进香必要过万善桥，否则被认为是心不诚。由此，万善桥成了进香、赶庙会的必经之路，成了善男信女们心中的"圣桥"。万善桥被青山环绕，春天杏花桃花烂漫着附近的山野，夏天长涧轻饮着潺潺溪水，秋天色彩斑斓层林尽染，冬季白雪皑皑小桥如玉。

搜集整理：**杨金凤**

西山八大处传说

双泉寺甜水泉

双泉寺位于石景山区北部的双泉山上，双泉寺因双泉山而得名，双泉山因双泉寺而闻名。双泉寺建于唐代，西侧的双泉流淌了至少1000年，成为远近饮泉人的福泉，也成了双泉山一双明亮的眼睛。

所有喝过双泉水的人无不赞赏水的口感，泡出的茶芳香不绝于心。明嘉靖元年（1522年），太监冯重将任意流淌的双泉加以修治，形成两个深约二尺的井和一个雕有龙头的蓄水池。如今泉眼修成了井形，有3米多深。双泉寺水好，来取水的人不绝如缕，但让人惊奇的是不管老天怎么干旱，泉眼中的水总是不干，不管多少人打着喝，可泉水随掏随长，涓涓涌动，不见干枯。

传说过去天上有10个太阳，其中的一个叫翠日的太阳和月亮是好朋友，她们总是在每天昼夜交替的时候悄悄会面，亘古以来谁也离不开谁。后来有个叫后羿的人看太阳把大地烤得太炎热，一口气就射掉了天上九个太阳，这其中就有月亮的好朋友翠日。翠日正巧掉在双泉山上，她浑身炎热，求生无路，求死不得，痛苦不堪地对双泉山说："山神，山神，只要你能够熄灭我身上的火焰，我愿从此在这里守候陪伴你，即使把我变成一股清水或者一股清风都行，让我为世间的人造福吧。"

山神听了翠日的祈求，立刻把她变成了一眼甘泉，从此她一年四季地流

◎ 太阳和月亮的故事（关效英 张嘉勋绘图）◎

淌。一天夜里月亮在翠微山之麓的双泉山上找到了翠日，发现她已经变成了一眼清泉，于是也偷偷从天上下来，把自己化作另一眼甘泉，这样双泉山上就有了两眼泉，一眼叫翠日泉，一眼叫月亮泉。

月亮化作甘泉以后天空的夜晚一片漆黑，给世间人们的生活带来了很多的不便，所以人们天天祈祷月亮快快回来。月亮听见了祈祷心里特别不安，她想我不能只为了自己的快乐而不顾黎民百姓的苦难，于是月亮来到翠日泉前告别，流下了依依不舍的泪水，然后毅然回到天上去了。

现在人们到双泉寺只能够看到一眼泉了，那就是翠日泉。月亮泉自月亮上天后就干枯了，翠日泉的水却比以前更多更甜了，人们说那与月亮思念朋友的泪水有关。

在双泉的东侧有一座双泉寺，古书记载此寺唐代便已建成。双泉寺周围环境优美，泉水浇灌出的樱桃特别红艳、光亮、香甜，柿子更是色黄味甘。在双泉寺的碑文中有一段生动的描绘："有山名翠微者，左冈右泉，曲回旁峙，云岚飞动，土脉丰腴。"也有古文记载："双泉幽胜，甲于它山"。

双泉寺在光绪年间重修，寺坐北朝南，分为前后院，东廊有一铁钟，高1.5米，直径1.2米；西廊有一鼓，高0.8米，直径0.55米。殿内有佛龛三个，有泥制彩绘菩萨像三尊。大殿左右各有正客堂三间。在西大殿有巨幅黑龙壁画，院内有四株古柏，挺拔苍翠，成为双泉寺古刹一景。

搜集整理：屈　丽

　　搜集整理《西山八大处传说》的过程前后经过了三次，历时三年多。除了田野调查采集外，我还阅读了与京西园林、寺庙文化、与八大处相关的宗教文化、西山地理位置及气候等相关书籍，力争在记载历史传说的基础上，对该地域的该类传说有所研究和分析。此书进行了一定的尝试，但还很不完善。《西山八大处传说》融合了佛教文化、道教文化、儒家文化等内容，宣扬弃恶扬善的精神，体现了老百姓的智慧，蕴含着民众的质朴、善良。有些传说对研究北京西山文化、寺庙文化、民俗文化、永定河文化具有一定的参考价值，比如八大处的证果寺，因卢师和大小青龙的传说而建寺，并名闻京师，是研究汉族民间文学的宝贵资料。西山八大处近几年来旅游业迅猛发展，及时发掘、整理传说故事，不仅可以保护民间文化，也将极大地提升西山八大处的历史文化内涵。

　　在故事搜集整理的过程中，尽量保持民间口头文学原貌的质朴和特质，保留故事原来的生命力和鲜活性，保留民间口头文学创作的民俗风格、艺术风格和叙事风格。民间口头文学创作有其一般的规律，也有不同的地域特质，因此采集整理中尽量摒除文人腔调，减少文人加工的痕迹。

民间口头文学是通过讲故事呈现出讲述者或对英雄的崇拜，或对人性的褒贬，因此整理中尽量保留原来故事流传本身的价值观。对于一些有明显宗教信仰特性的故事，基本是尊重原故事在民间流传的原质性，没有刻意强化或有意淡化，民间信仰在不同的历史时期是有一定差异性的，只有承认民间口头文学不同历史时期在内容表述上的历史差异性，才是一种尊重历史的态度。当然，一些涉及宗教的故事没有收录进来。

民间传说经过千百年来的流传，在民众口耳相传后，会衍生出异本，即同一个故事出现不同版本的叙事，在不同的文化阶层也会趋简或增繁。这是民间传说的特点之一。

本书在搜集整理过程中，得到石景山区文化委员会、八大处公园管理处的支持，在此表示感谢。同时感谢北京市文学艺术界联合会、北京民间文艺家协会对此项工作的热诚指导。书中难免疏漏之处，敬请读者指正。

杨金凤

2017年3月